CIVIC CENTER

© Oscar Cano Moreno
© MC Sports (Moreno & Conde S.L.)

© Fotografías: Diario La Opinión De Granada. Grupo Editorial Prensa Ibérica.
Departamento MCSports (www.mcsports.es)

Analista de Texto: Robert Moreno
Correcciones: Lourdes Torrecillas y Robert Moreno
Maquetación: Robert Moreno
Diseño de cubierta: Robert Moreno (MC Sports)
Depósito legal: VG 595-2009
ISBN: 978-84-937246-1-0
Imprime: Gráficas Juvia - Impreso en España-Printed in Spain
1ª Edición. Mayo 2009 (1.000 ejemplares)

EL MODELO DE JÚEGO DEL

F. C. BARCELONA:

UNA RED DE SIGNIFICADO INTERPRETADA
DESDE EL PARADIGMA DE LA COMPLEJIDAD.

Índice

PARTE I

CAPÍTULO 3.- RELACIÓN ENTRE LOS PRINCIPIOS DEL PARADIGMA DE LA COMPLEJIDAD Y LA ORGANIZACIÓN DEL F. C. BARCELONA

PARTE II
EL MODELO DE JUEGO DEL F. C. BARCELONA

SIMBOLOGIA UTILIZADA

NOTA SOBRE EL AUTOR

Oscar es uno de esos entrenadores con el cual la inmensa mayoria nos podemos identificar. Alguien que lleva años construyendose desde la base una formación que lo iguala a cualquiera de los mejores entrenadores llamados de primer nivel. Su único pecado es no haber jugado en máximo nivel, y eso, aunque no sea formalmente correcto, perjudica seriamente a la carrera de un entrenador. Inquieto, curioso y amante del fútbol por encima de todo se ha preocupado y ocupado de conocer el fútbol en profundidad.

Oscar es entrenador Nacional y Técnico Deportivo Superior. Ha sido ponente habitual en numerosas conferencias, jornadas y congresos. Cuenta con amplia experiencia como entrenador, coordinador o docente. Habiendo sido su último equipo el Granada C.F. del Grupo IV de Segunda División B. Y como autor ha publicado diversos libros y artículos en revistas especializadas.

oscogni@hotmail.com

PRÓLOGO

JOSÉ ALFONSO MORCILLO

El nivel de juego con el que nos está encandilando el FC. Barcelona, es al mismo tiempo la excusa, y el objeto de estudio de este magnífico texto, con el que él autor, lejos de alinearse con la superficialidad de la crítica del deporte de masas que el fútbol es, de incorporarse al "casi lleno" club de fans de Iniesta o Messi, incluso de declararse *Guardiolista* de toda la vida, se adentra en la más subterránea exploración de su deslumbrante, al tiempo que eficaz juego, acercándonos a la realidad del fútbol, y desmitificando tópicos tan cargados de historia como carentes de fundamento.

El texto bien se podría denominar, "regreso al futuro", ya que aunque la temática es de rabiosa actualidad, tratándose de una cultura tan enquistada como la futbolística, uno no sabe bien donde situarse. Y es que, mientras el tema de estudio procede de tiempos pasados, el juego del FC Barcelona es como cualquier otro arte[1], atemporal, y el nivel de análisis que Óscar produce, pertenece al futuro. En este sentido, debemos sin duda felicitarlo, ya que si "es duro trabajar solo, especialmente lo es si estás tratando de hacer algo que se escapa a la rutina" (De Bono, 1997).

Derribando la inexistente pero histórica e imperturbable barrera entre teoría y práctica, y agradecidos por ello, en la primera parte del libro, el autor nos conduce por el sinuoso mundo de la teoría de sistemas dinámicos,

---

1 "Destreza en un determinado ámbito práctico, cuyos principios generales básicos pueden aprenderse (y por tanto enseñarse) mientras que sus más altos niveles de excelencia carecen de reglas y sólo pueden admirarse en el ejercicio de ciertos individuos sobresalientes. De modo que arte es aquella habilidad que , una vez aprendida, aún no se domina del todo y admite grados muy diversos en el acierto o estilo propio con que se desempeña" (Savater, 2003: 58).

invitándonos a entender la complejidad del juego, desde las evidencias de imprevisibilidad que le caracterizan; para posteriormente analizar sintética y minuciosamente la construcción del modelo de juego del FC. Barcelona, partiendo de sus rasgos estables y encontrando puerto en el lugar privilegiado, pero contextualizado, que el modelo asigna al talento libre del jugador, en una maravillosa manifestación y demostración de que "llegar a ser lo que se puede ser, es su reto" (Soler y Conangla, 2007: 21).

Si conocer el fútbol, puede ser una tarea compleja, intentar hacerlo con un equipo que entre sus criterios fundamentales de construcción cuenta con conceptos o atributos como genialidad, creatividad, ingenio, o talento, puede configurarse en una actividad casi inaccesible, sobre todo si se hace desde el detalle. Instigados a reflexionar acerca de los manidos y parcelarios criterios de validez de la observación, y teniendo en cuenta la naturaleza táctica de la tarea a observar, para escanear las conductas del juego del Barça, necesitamos comprender este fenómeno llamado fútbol, y debemos entender que si no sabemos lo que hay que mirar nos resultará imposible descubrir algo. Para encontrar, necesitamos buscar, pues como afirmaba Heráclito, "cuando se tiene la sabiduría de mirar, la realidad se llena de bellos espectáculos, pero si no esperamos lo inesperado, será difícil reconocerlo cuando llegue".

El autor nos muestra que comprender los fenómenos nos ayuda a intervenir sobre ellos, en un inmejorable ejemplo de que análisis y síntesis pierden identidad si no conviven. "Si obramos por ignorancia, es decir sin suficiente conocimiento o con una noción errónea del estado de las cosas en que vamos a intervenir, es justo afirmar que nuestro acto no es del todo voluntario: hacemos lo que sabemos pero no sabemos del todo lo que hacemos" (Savater, 2003: 36).

El libro de Óscar Cano y la tarea de entrenar, en este caso representada en el análisis del modelo de juego del FC. Barcelona, tienen como característica común, que uno y otra son actividades creadoras, pues en ambos casos "se provoca que exista algo valioso que no existía antes de ser creado" (Preciado y Marina, 2002: 204). Ambos, como diría Sartre, "parecen condenados a la libertad", y avalados por el sentido común, realizan sus proyectos al margen de lo tópicos del fútbol. ¡Qué atrevimiento! Alineados, el contenido de esta obra y los jugadores de Guardiola, se empeñan en "llevar a la hoguera" los tratados de táctica haciendo coincidir al orden con el caos, a la estética con la eficacia, o al talento con la responsabilidad.

Ambas creaciones, el modelo de juego del Barça y este libro, se postulan junto a J.J. Benítez, 1997:165, para el cual, *"lo que ustedes denominan dogmas, no son otra cosa que obstáculos para el progresivo conocimiento de la Verdad. ...sólo los que dudan, los inseguros de sí mismos, y los que jamás tuvieron conciencia de poseer la verdad estaban realmente cerca de ella".*

Desde la consideración de que, "la verdad es un estado de justificación" (Preciado y Marina: 2002: 190), y sin ánimo de ser vanidoso, como seguro pensaría el autor de este brillante texto, con el objeto de "utilizar el cerebro para sobrevivir, y no para descubrir la verdad" (Punset, 2004: 90), entiendo que el entrenador de fútbol tiene que intentar buscar en el campo lo que está en el campo. Hace unas horas, cuando regresaba de presenciar un partido compartía una reflexión sobre la aparente apatía, desmotivación,... que había manifestado uno de los equipos. Del mismo modo que no era la primera ocasión, ni el primer equipo sobre el que me hacía esta pregunta, me imagino que tampoco soy el único que se cuestiona las razones de por qué este FC Barcelona, o la selección española actual transmiten esa alegría y ambición. Motivado en ambos casos, a buscar causas, caigo en la tentación de ubicarme en la estructura emotivo-volitiva, analizando para ello conductas observables durante ¿la competición?, hasta que nos percatamos de que "no es tanto saber mucho de cada vez menos, hasta que se sabe todo de nada, sino la amplitud de miras para interrelacionar conocimientos", (Savater, 2003: 30), lo que nos puede orientar.

Huyendo de certidumbres absolutas, pero desterrando tradiciones demostradamente inválidas por mutilantes, el autor nos exige entender que "cambiando el nivel desde el que se mira la realidad se hacen visibles cosas que eran invisibles" (Punset, 2004: 25), o dicho de otro modo, que "quizá la verdad absoluta no puede ser identificada con las verdades parciales (Punset, 2004: 151). Si la manifiesta motivación de la selección española tiene que ver con el juego, por qué la razón de la apatía del equipo que antes describía, no puede tener que ver igualmente, con el juego. ¿Por qué lo intentamos arreglar almorzando juntos, o jugando al paint-ball?

Lamentamos comunicar que si el lector mantiene la esperanza de avistar la línea de meta, o lo que es lo mismo la pócima mágica del análisis y/o entrenamiento del fútbol, no sólo se ha equivocado de libro, sino que lo que es peor, debe cambiar de deporte, pues "la teoría de la complejidad también nos dice que esa clase de puntos de inestabilidad suele conducir más bien a desmoronamientos que a avances" (Capra, 2003: 336). Un ejemplo de ello, es la barita mágica que algunos quisieron encontrar, y que otros siguen "mal-buscando" en el "mal-llamado" entrenamiento integrado.

Llegados a este punto, y asentado nuestro convencimiento sobre la propuesta holística del autor, en que "…la esperanza no es la convicción de que algo va a salir bien, sino de que tiene sentido, sea cual fuere el resultado final" (Václav Havel, 2000; en Capra, 2003: 337)[2], queremos felicitarlo por que como él ha demostrado de forma sublime, "uno ha de tener la fuerza suficiente para decir que si la cultura no funciona, no hay que tragársela, y huir no es la manera, tienes que trabajar para crearte tu propia cultura" (Albom, 2005: 50 –Ed.16-).

Sirvan de despedida contextualizadora a mi aportación unas palabras que el autor me regalaba hace unos años, y que entiendo son bastante reveladoras, "el conocimiento no es una meta, no es un espacio al que llegar, no es un puerto en el que atracar, más bien es una espiral donde se

---

2 Presidente de la República Checa, en el discurso inaugural de la Conferencia del Fórum 2000, en Praga, 15 de Octubre del 2000.

ingresa, empujado por la ignorancia asumida, que recorre una y otra vez, y otra más, propulsado por el motor de la inquietud..." (Óscar Cano, 2004).

Gracias por invitarme a escoltarte en este viaje por, hacia y desde la duda.

Felicidades.

PRÓLOGO

JUAN MANUEL LILLO

Estoy delante de un nuevo libro de Óscar Cano. Cuando prologué su anterior obra afirmé que el autor ama tanto el fútbol que cuando se va a dormir apoya la cabeza no en una almohada como todo el mundo, sino en un balón. Me ratifico en aquella cándida estampa y añado una nueva pincelada impresionista para perfilar un poco más a nuestro autor. Si mucha gente habla de fútbol con la misma insustancialidad que podría hablar de cualquier cosa, Óscar Cano habla de todas las cosas mientras habla profundamente de fútbol.

No quiero destripar el libro porque es preferible leerlo y bucear en sus magníficas páginas, pero sí quiero resaltar el acto de rebeldía que supone escribir un libro así. Es un grito de insurrección, un puñetazo encima de la mesa de los dogmáticos, un ya no me callo más, ya hemos tragado mucho en el fútbol sobre el control, los datos, los tests, las mediciones, las cifras para controlar lo incontrolable, mesurar lo inmensurable. Se acabó. La inercia no puede continuar. Vivimos centrifugados por la incertidumbre y la inteligencia reside en saber convivir con esa certeza, no en construir certezas que nos hagan creer que no existe la incertidumbre.

Este nuevo ensayo minusvalora la dictadura de lo mesurable, la tiranía de los metódicos que quieren hacernos creer que sólo existe lo que uno puede medir. Óscar Cano le roba el aura a los estudiosos que se pasan el día cuantificado, fragmentando y extrayendo datos bajo el escudo protector de lo que ellos han bautizado como ciencia. Esa ciencia costumbrista y reduccionista, cuya quintaesencia curiosamente desmantela la propia ciencia, no es sino un eufemismo que oculta trabajos alimenticios, actividades crematísticas, coartada para la caza de protagonismo y cotización honorífica, y sobre todo el temor a convivir con la incertidumbre que supone el hecho de estar vivo. El libro es admirable, pero tener la osadía de escribirlo me parece más loable todavía. Óscar Cano se ha atrevido a ir contra todo lo impuesto, contra todo lo convencional, apostatar contra el dogma que impera en el fútbol. Se ha erigido en un nuevo hereje de los datos. Un cisne negro para los que intentan convencernos de que un juego nacido para solaz del proletariado es ciento veinte años después una ciencia exacta.

El núcleo focal del libro es muy transparente. Óscar Cano rechaza el rigor matemático para un juego que borbotea como un poema. Resalta la ineficacia de la estadística allí donde el azar ejerce su despotismo. Denuncia la frialdad de forense con que algunos intentan atrapar la esencia de un juego que sólo se convierte en cadáver cuando el árbitro anuncia su final. Censura a los que se pasan los metódicos días aplicando en un balón la cuadratura del círculo y además pregonan haberla encontrado. Parece increíble, pero aún son legión los empecinados en meter un rinoceronte en el estuche de un reloj de pulsera. Nuestro autor hace tiempo que descubrió esa imposibilidad. Este libro desenmascara a los que continúan intentándolo. También a aquellos que nos quieren convencer de que lo han logrado.

PRÓLOGO

PACO SEIRUL·LO

Durante los últimos treinta años de mi vida, he buscado incesantemente lo que podíamos llamar una nueva, o al menos diferente, teoría de entrenamiento, que explique, describa y conforme, el entrenamiento específico para los deportes llamados de equipo, y que fuera realmente distinta de la Teoría General de Entrenamiento.

Poco a poco, hemos ido logrando algo partiendo de estudiar la génesis de formación de esa teoría general, que ha fundamentado su desarrollo en la investigación y práctica de los deportes individuales, especialmente del atletismo y la halterofilia, tomando un gran impulso a partir de los años 50 del pasado siglo.

Tenemos que tener presente que, hasta los años 70, la materia de estudio Teoría General de Entrenamiento no existía como asignatura en los estudios de la licenciatura de Educación Física y Deportes, ni en los planes de estudios de las Escuelas de Entrenadores de los distintos deportes de nuestro país.

Durante este tiempo, de elaboración y aplicación de modelos preconizados por la Teoría General, hemos identificado múltiples conflictos para su completa utilización en el entrenamiento de los deportes de equipo, lo que nos ha proporcionado mayor interés en poder conformar una Teoría Especial.

Para ello, nos hemos valido del aporte de las ciencias que han tratado de aumentar el acervo de conocimientos que sobre la complejidad de lo humano se ha logrado en el último tercio del pasado siglo.

Estos conocimientos, nos han llevado a concluir que las llamadas "ciencias de la complejidad" aportan los utensilios científicos suficientemente válidos para intervenir en la comprensión de todo tipo de acontecimientos que aparecen en la práctica de los deportes de equipo.

Gracias a ellos, logramos obtener ciertas premisas aplicables al estudio e implantación de métodos de entrenamiento que proporcionen conocimiento y niveles óptimos en la práctica de los deportes de equipo.

Estas premisas se concretan en:

El paradigma clásico no es válido para identificar las estructuras interactivas de los juegos que por su dinamismo sólo pueden ser identificadas por el paradigma de la complejidad.

Aunque pueda conformarse una teoría especial para todos los deportes de equipo, cada deporte debe proponer y desarrollar elementos específicos dentro de éste ámbito, pero ajustadas y compatibles con la especificidad con que cada reglamento permite desarrollar el juego.

Para el estudio de todos los deportes de equipo, hemos de centrarnos en la persona del deportista, en cómo aquellos criterios específicos de su deporte comprometen a su naturaleza humana, lo que, sin duda, nos aboca a la necesidad de elaborar conocimiento sobre el deportista tanto o más que en el deporte que practica.

Que cualquier medio o sistema específico de entrenamiento debe ajustarse a las condiciones de complejidad implícitas en la información e interacciones aparecidas durante la competición, entre los jugadores, medio y objeto implicados en la práctica.

Cualquiera de los medios y tecnología de evaluación del rendimiento, tienen que focalizarse en los aspectos cualitativos específicos, y no en los cuantitativos, que son propios de la teoría general, sin olvidar nunca el carácter particular y eventual de esas informaciones.

Y la necesidad de proponer guías para la planificación del entrenamiento, que atiendan a las necesidades de la competición, tanto como a la preservación de la vida deportiva de los jugadores.

Con estas premisas, desarrollaremos las condiciones de comprensión y entrenamiento de todos los deportes de equipo, y, en especial, del fútbol, que es uno de los deportes constituido por un "juego perfecto". Se le puede arrojar este calificativo por sus condiciones de práctica de complejo nivel informacional y motor, lo que compromete a la totalidad de las estructuras conformadoras del ser humano, en necesarias coevoluciones sistémicas y sub-sistémicas jerarquizadas por criterios espacio-temporales específicos del juego.

El fútbol está en una sub-zona límite entre el orden y el caos disipativo, por tanto perteneciente de pleno al ámbito de la complejidad, concluyendo que la información e interacciones son sus emergencias más notables.

Esta información refiere dos niveles, uno próximo a la zona de orden, y otro productor de inesperados, y a veces desconocidos, patrones informacionales próximos al caos.

Sólo aquel ejecutor que por su experiencia de pre-implicación practique sus actuaciones en esa sub-zona límite, podrá constituir modos de interacción altamente eficientes para el logro de sus objetivos.

Las formas de interactuar son congruentes con los criterios informacionales, y las condiciones de comunicación, a través del pase del balón con los pies, son determinantes en la significación de las posibles formas de interacción entre los componentes del juego en el espacio-tiempo del partido.

Estas interacciones las podemos entender como "cuasi ruidosas", pues no tienen patrones predeterminados para la comunicación, siendo además de carácter "gaussiano", por tener gran cantidad de causas y ninguna preponderante sobre las otras, y se perfilan como "estocásticas", pues en ellas aparece el azar en un alto nivel probabilístico.

En este libro, Óscar propone la observación y comprensión del juego del Barcelona desde esta perspectiva de la complejidad.

Interviene, analizando en profundidad, y con la seguridad que da el conocimiento profundo, cómo las ciencias del paradigma tradicional han propuesto un fútbol determinista, carente de originalidad, donde "todo está inventado", dando infinidad de ejemplos prácticos y reales de muchos años de observación y documentación, para concluir que desde esta perspectiva no puede interpretarse el juego del Barça, y que sólo desde la afiliación al conocimiento sistémico complejo puede descifrarse.

Lo hace proponiendo unos extraordinariamente originales principios explicativos, para descifrar la organización de ese equipo durante los partidos.

Nos referimos a los descritos como principio Sistémico, Hologramático, de Bucle Retroactivo, etc; que de manera sistemática, y con gran originalidad, concedan al lector adentrarse en una cualificada información que le permitirá aproximarse a esa otra forma de ver y disfrutar del fútbol.

No puedo menos que felicitar a Óscar Cano por la inestimable aportación que este libro hace al conocimiento del "otro fútbol", que emerge de este equipo, y deseo que esta publicación provoque curiosidad e interés por otras formas de comprender y practicar este magnífico juego.

A los estudiosos y osados, les dará un soporte insustituible, que les permitirá navegar en el mar de la incertidumbre, de lo inesperado, de llegar a desestimar la seguridad del dato, la división de lo indivisible, de lo costoso que puede ser tratar a sus jugadores como humanos inteligentes, para desear fehacientemente llagar a perder el control del equipo en beneficio del arte y lo desconocido.

AGRADECIMIENTOS

DEDICADO ESPECIALMENTE

A Carmen, por establecer las coordenadas de mi itinerario. Por liberarme de los fantasmas, por dejarme ser el espectador de sus méritos maternales. Por ese silencio tan sonoro en señales.

A Pablo, por evidenciar los valores intrínsecos del amor, por introducir una cuota imprescindible de incertidumbre en mi existencia. Por mostrar el encanto de la inocencia.

A Fabio, mi alegría, por completar mi felicidad, por dejarme frecuentar espacios interiores excelentes, llenos de vitalidad, que sin su presencia permanecían recubiertos de materiales intrascendentes.

A mi madre, el torbellino de vida, el empuje, el motor de arranque, por prestarme parte de su entereza.

A mi hermana, la réplica de nuestro progenitor, la hormiguita infatigable, la palabra delicada, por hacerme comprender que él nunca se irá.

A mi hermano, la bondad en el camino, la quietud, la parsimonia que confiere el tiempo exacto al desarrollo de los acontecimientos.

A mis sobrinos Juan y Rocío, por ampliar mis pasiones, por enriquecer mis apegos.

A ti, padre, por enseñarme a valorar el esfuerzo, porque cada vez más cosas me recuerdan a tu persona, cada vez vienen al mundo más miradas como las tuyas, porque en vez de alejarte, te aproximas para siempre.

INFINITAMENTE AGRADECIDO

A mis amigos de siempre, Carlos, Galera, Juli, Pichu, Vane, Jorge, Tiki, Zotes, Chema, por acoger los momentos difíciles, por remendarlos con el hilo de la normalidad, por recordarme el valor incuestionable de los orígenes.

A José Alfonso Morcillo, compañero del alma, por no agotarse nunca en la carrera hacia la amistad, por prepararme para que el hastío nunca contacte con las más intensas ilusiones. Volveremos amigo.

A Matías Ramírez, por razones fraternales, porque el fútbol me deja la secuela de la lealtad.

A César, porque su confianza no la maneja el resultado, por creer sin ventajismos, por encarrilar mis sensibilidades, por enfocar mi curiosidad hacia el interior, para construir así relaciones de calidad.

A mis suegros y cuñados, por concederme el placer de pertenecer a una red portentosa en afectos.

A Antonio Barea, por su ejemplo diario, por su máster relacionado con el cómo reconvertir los momentos dolorosos en bellas experiencias.

A Jesús Amaya, arquitecto de mis tendencias futbolísticas, por ubicarme como medio centro y abrir mi campo perceptivo hacia el todo.

A José González, por brindarme la oportunidad de cimentar y consolidar mi proyecto vital.

A José Manuel, Raimundo y Jesús Molina Maza, por hacer perdurar las ganas de vernos, por estar siempre dispuestos a mostrar su familiaridad.

A Antonio Ruíz Padial, centinela de mis abatidos instantes, por custodiar a mi tristeza durante su mutación. Por tu grata presencia.

A Juanma Lillo, ser excepcional y entrenador mayúsculo, por armonizarme con mi ignorancia, por espolear mis inquietudes.

A Raúl Caneda, por la coherencia de su discurso, por sus argumentos convincentes.

A Juan Antón, por ordenar mi pensamiento, por inculcarme el arte de reflexionar, por ser la piedra filosofal de nuestra andadura

INTRODUCCIÓN

INTRODUCCIÓN

"Para aprender necesitamos en primer lugar comprender lo que queremos aprender" (J. A. Marina).

"Si no ves más allá de tu horizonte, estaremos perdidos" (Ismael Serrano).

"Lo que instauró Cruyff es muy difícil de cambiar. ¡La gente está tan habituada e eso! Es parte de la cultura. Atacar, ser dominador del juego, que siempre se opte por el pase o que se conduzca para provocar el pase, nunca por conducir sin ton ni son...el concepto de dar velocidad al juego con el pase, de buscar el uno contra uno sólo con la gente de delante..." (Pep Guardiola, analizando el estilo de juego del Barcelona durante su estancia en la Roma. El País, 17 de Septiembre de 2002).

Cada equipo de fútbol representa un sistema en sí mismo. La capacidad inherente de cada ser humano para interaccionar con sus semejantes no admite controversia. Lo que también parece evidente, es que no todas las entidades recurren a parámetros del conocimiento global, relacional, para afrontar la dimensión tan compleja que conllevan las características del fútbol, como sostén del diseño, construcción y evolución de su organización. Es por ello, que hemos elegido el modelo del F. C. Barcelona como magnífico argumento para prestigiar la idea que reivindica el filósofo español José Antonio Marina, que viene a reflejar lo siguiente:

"Aspiramos a una convivencia entre personas autónomas, que no sean islas ni desaparezcan en la colectividad. Esta pretensión nos fuerza a buscar un buen ajuste entre las distintas autonomías personales. Hemos de inventar modos de vinculación. Para poder regular nuestras interac-

ciones, conviene que los que intervengan tengan un modelo claro, y que estén de acuerdo con él"[1].

Exactamente, es eso lo que llama la atención en el equipo catalán, el hecho de gozar de una cultura propia, forjada a partir de unos ideales distintivos que para Cruyff tienen que ver con "saber a qué quieres jugar y con quien quieres hacerlo"[2]. Un modelo que evoluciona sin negociar con los valores extraordinarios, donde cada elemento que aparece, para optimizar el sistema, no incomoda, ni deforma la recompensa de la interacción inteligente. Más bien le da la bienvenida a la recomendable complementariedad.

Afrontar la comprensión de un fenómeno tan repleto de complejidad, como la organización del juego del Barça resulta tremendamente osado. Un sistema tan rico en sus argumentos, que combina rasgos estables con una manifiesta apertura a la novedad; tan condicionado por la creatividad de sus futbolistas, lo cual testifica que los resultados de sus acciones son impredecibles; que se va autoproduciendo de manera continua, en el que constantemente aparecen nuevas propiedades que van articulándose a la idea madre para así ampliar su complejidad y, por ende, sus recursos, sólo puede ser conocido de manera aproximada.

¿Quién puede indicar previamente, con exactitud, el producto de una cantidad innumerable de interacciones, si estas están en continuo dinamismo?

La naturaleza de toda manifestación no-lineal, como el fútbol, imprevisible, donde se introduce de forma aleatoria lo azaroso y caótico, en la que se destaca la convivencia entre orden y desorden, condicionada por emergencias internas del propio sistema, así como por otras provocadas por la relación de éste con el contexto medioambiental en el que se manifiesta, hace imprescindible que nuestro acceso al descubrimiento de los patrones que subyacen en esta organización específica, la del Barça de Guardiola,

---

1 Marina, J. A; (2006). *"Aprender a convivir".* Ariel. Barcelona.
2 Extraído de El Periódico de Cataluña, el 07 de Diciembre de 2008.

deba realizarse atendiendo a formas de pensamiento que guarden relación con la naturaleza real de lo que queremos observar.

Ya que la sorpresa es inherente a este deporte, resulta necesario, por tanto, un marco de referencia que otorgue las herramientas conceptuales necesarias para interpretar la realidad y orientar la acción, para descubrir, de manera significativa, la identidad comportamental del fútbol blaugrana. Precisamos pues, un *"pensamiento que trate de ser coherente con el nivel que esa realidad le pide"*[3].

Podríamos adentrarnos, en esta maravillosa aventura, provistos exclusivamente de las lentes del enfoque tradicional, aquel que sugiere un análisis de acontecimientos o partes aislados, es decir, pondríamos nuestro énfasis en la suficiencia para desbordar de Messi, la proyección de Álves conquistando territorios que le descubre el propio argentino, la capacidad para penetrar hacia espacios de finalización de Keita o Xavi, aprovechando intervalos entre centrales y laterales, o como, ante la imposibilidad de encontrar hombres liberados para asociarse en aquellas zonas más lógicas para la construcción del juego, los centrales (Márquez, Puyol y Piqué) conducen el balón hasta que la jugada se aclara. De todo ello vamos a hablar. Sería pecaminoso por nuestra parte obviar estas manifestaciones, ya que el presente trabajo no sería consecuente con la pretensión que nos empujó a esbozarlo. No tramamos su abolición, simplemente conspiramos por comprender el orden subyacente que origina su aparición, como condición previa a su tratamiento. Vamos a recalcar aquello que hace que ataque y defensa no parezcan momentos desligados, evitar la disyuntiva absurda de que si éste o aquel jugador hacen mejor al equipo o viceversa, cuando en realidad una cosa es dependiente de la otra.

Consideramos insuficientes las aportaciones de los métodos populares de construcción de conocimiento, basados en el estudio de los fenómenos extrayéndolos de su contexto, la separación de los elementos constituyentes

3 Roger Ciurana, E; (2000). *"Complejidad: elementos para una definición"* en pensamientocomlejo.com.ar.

de la organización, obviando las propiedades que emergen de sus interacciones, así como la no consideración del sujeto cognoscente como agente que influencia el objeto a estudiar.

Si el análisis del juego del equipo culé se realiza bajo las premisas de paradigmas y formas de pensamiento habituales, su comprensión será deficiente, ya que estará centrada en las propiedades de cada parte integrante del modelo, obviando que las propiedades características reales de todo sistema son producidas por la especificidad de las interacciones entre las partes del mismo. Algo que en palabras de Capra *"son propiedades del conjunto, que ninguna de las partes tiene por sí sola"*[4].

Así pues, nuestra intención se centra en ahondar en el juego del club catalán a través de una renovación de las formas de pensamiento, un modo distinto de situarnos en la realidad para percibir la complejidad esencial a todo proceso en el que participa el ser humano.

Desgraciadamente, el mundo del fútbol también fue alcanzado por ese tipo de teorías mecanicistas y reductoras, generadas para buscar certezas y empaquetar verdades absolutas, simplificadoras, que no han hecho sino aumentar la distancia dialógica, por ejemplo, entre juego-jugador. A cambio, nos conceden una falsa sensación de control que inevitablemente adormece nuestra capacidad reflexiva. La herencia conceptual resultante es tan confusa que, evidentemente, no responde a las verdaderas demandas de los profesionales o de aquellos que tratan de comprender. Bonil, J. y sus colaboradores ya lo advierten anunciando, que *"no existen formas de conocimiento que puedan asumir en su totalidad la explicación de los fenómenos del mundo"*[5].

Si entendemos un equipo como un sistema social, una *"red de dependencia"*, en el que la cultura generada es responsabilidad de la forma particular en

---

4 Capra, F; (1998). *"La trama de la vida"*. Anagrama. Barcelona.
5 Bonil, J; y col. (2004). *"Un nuevo marco para orientar respuestas a las dinámicas sociales: el paradigma de la complejidad"*. Investigación en la escuela, n° 53.

que interactúan los diferentes componentes que lo constituyen, la perspectiva holística, aquella encargada de mostrarnos la totalidad del conjunto para comprender sus partes, cobra un protagonismo imprescindible en la ruta hacia el aprendizaje que propone esta obra.

Desde este libro, les brindamos la oportunidad de adosarse al pensamiento sistémico y complejo, priorizando las relaciones por encima de los elementos concretos, derrumbar las barreras disciplinares para aprovechar, desde la transdisciplinariedad, los principios básicos que guían el paradigma de la complejidad, aportados por el fundador del denominado *"pensamiento complejo"*, Edgar Morín, pensador francés, y que se convertirán en referente imprescindible para sustanciar y explicar con mayor clarividencia el fenómeno que nos ocupa. Del mismo modo, vamos a introducir en nuestra percepción el componente ecológico, que añade el cómo se insertan estas conductas en su entorno natural, cómo afectan y son afectadas por dicho entorno, etc.

Haremos un recorrido de la síntesis al análisis, ya que como nos avanzó Goethe *"el análisis por sí sólo es inútil, a no ser que se acometa dentro del contexto general del establecimiento de una comprensión sintética del todo"*[6]. Distinguiremos pues las piezas sin separarlas del conjunto donde se insertan.

Acompañaremos cada expresión teórica con ilustraciones, artículos, columnas o manifestaciones, tanto de los implicados como de autores que hayan aportado alguna referencia al respecto, que favorecerán la disipación de las dudas que puedan originarse por la terminología aportada. Cada concepto hallará su sustento en la imagen y en declaraciones de sujetos que componen el entorno azulgrana para agilizar su entendimiento.

Evidenciar el patrón de organización del F. C. Barcelona, será inviable desde la estrechez perceptiva, desde la pieza del puzle que se olvida que pertenece, que fue recortada de una imagen global. Iremos saltando de lo

6 Naydler, J; (1996). ***"Goethe y la ciencia"***. Siruela. Madrid.

visible a lo aparentemente invisible, al fundamento, queremos descubrir la trama que ordena la multitud de acontecimientos aislados que percibimos y que despiertan emociones tan impactantes en nuestro cerebro.

La organización de estas páginas, tendrá su comienzo en tratar de esclarecer la influencia que el paradigma cartesiano está teniendo en este nuestro deporte. Estableceremos cuál es su desacuerdo con los nuevos enfoques, sistémico y complejo, para desde esa perspectiva descubrir *"el conjunto de rasgos estables"*[7] que hacen reconocible la identidad del modelo del Barcelona. El anhelo tendrá que ver con revelar aquello que hace reconocible el juego de este equipo.

Planificar resulta necesario, dirigir la atención hacia metas comunes activa la necesidad de pensar en clave de redes, de procesos que buscan finalidades, elimina la teoría del jugador como elemento ajeno al contexto relacional, resalta el testimonio de que somos seres sociales sujetos a las posibilidades de interacción con los demás, posibilidades que no restan recursos individuales sino que los multiplican. De ahí que el texto sea de difícil razonamiento sin un acuerdo previo con el pensamiento sistémico.

Son precisamente esas capacidades de interacción las que debe respetar el modelo de juego, esa es la quintaesencia de su diseño y construcción, ya que sin este referente provocador de sinergias, seguramente restaremos rendimiento al grupo que dirigimos u observamos. En definitiva comprender los fenómenos ayuda a intervenir sobre ellos.

Pero ojo, el modelo únicamente tendrá sentido si sabemos aprovechar todas estas premisas sin la búsqueda de notoriedad personal. Está comprobado que la manipulación errónea del potencial existente en cualquier organización reduce significativamente su rendimiento. Nuestra supuesta evolución, maltrata a aquellos entrenadores que tienen la habilidad de alinear correctamente. Somos incapaces de reconocer que las alineaciones

---

7 Marina, J. A; (2004). *"La inteligencia fracasada. Teoría y práctica de la estupidez"*. Anagrama. Barcelona.

adelantan, en un porcentaje elevado de casos, lo que puede ocurrir durante el desarrollo del juego. Alinear es un arte que tiene en consideración la configuración inteligente de relaciones. A pesar de ello, nos legitimamos rodeándonos de artilugios que supuestamente nos permiten evaluar con mayor exactitud el rendimiento, utilizando parámetros cuantitativos, y concibiendo las estructuras del sujeto y del objeto como partes inconexas. Dejamos de lado que "*el fútbol es un juego perfecto, porque revela toda la complejidad humana, y pretender mejorarlo desde la tecnología es, sencillamente, una estupidez*"[8], que empleando el tiempo en parecer moderno, nos alejamos definitivamente de la matriz de este juego. En este caso, nada mejor que recurrir a Lillo para recordar que "*una persona es entrenador cuando sabe de jugadores y conoce las posibilidades del juego*"[9]. Lamentablemente, nuestro discurso, nuestra actividad, privilegia la disgregación de aquello que es indisociable. Somos capaces de argumentar, por ejemplo, ataque y defensa de forma enfrentada, estructura condicional y emotivo-volitiva del jugador, como si la expresión de una de ellas fuese posible de manera autónoma.

Se hace imprescindible no transfigurar lo que de por sí ya tiene una armonía propia, reconociendo que la aportación del entrenador tiene más que ver con la generación de tejidos, de espacios donde fluyan y se desarrollen esas contexturas, que con la cotidiana costumbre de intentar imponer criterios que nos conduzcan a sentirnos poseedores de la razón. Las características esenciales de la concepción de juego de cualquier equipo tienen su procedencia lejos del cerebro del director del grupo, más bien son portadas por los encargados de jugar, así que nuestra fuente inspiradora tiene su sede en "*la configuración de relaciones ordenadas*"[10] entre los miembros del equipo. El entrenador debe encargarse de revelarlas para hacer conscientes sus propiedades ocultas, para recordarles a los jugadores lo que producen sus intervenciones mancomunadas.

8 Valdano, J; (2001). *"Apuntes del balón".* La esfera de los libros. Madrid.
9 Lillo, J; *"Shakespeare y el entrenador contemporáneo"* en Solar, L; (2008). *"Culturas de fútbol".* Bassarai. Álava.
10 Capra, F; (1998). *"La trama de la vida".* Anagrama. Barcelona.

La aspiración última, de la introducción de formas poco tradicionales de posicionarse ante el fenómeno a comprender que sugiere estas páginas, no refleja una necesidad de distinción, es, ante todo, un conglomerado de letras y fotografías que trata de señalar caminos de mayor coherencia en esa nuestra intervención diaria en la realidad concreta del fútbol. Busca ayudar, en la medida de lo posible, a tener cierto control sobre los procesos y productos resultantes de nuestra acción, gestionar la irrupción del azar, algo inevitable, utilizándolo para aumentar el patrimonio de la organización. En definitiva, posicionarnos de manera más correcta de cara a nuestras responsabilidades, intentando entender el porqué de las cosas que vamos observando o nos van sucediendo. Muchas de ellas será imposible evitarlas, aunque, al menos, y a través de reconocer las circunstancias y la coyuntura que precipitó su aparición, podremos utilizarlas de manera positiva en futuras experiencias.

Con esa intencionalidad recorremos el fútbol cautivador del Barcelona, un referente donde cohabitan estética y eficacia, por cierto algo que también pretenden dividir para contraponer. Por medio de la observación, construimos un soporte para identificar sus regularidades, transitamos de lo colectivo a lo individual y viceversa, para representarlo con el rigor que exige y merece cada uno de los lectores que se acerque a estas páginas.

Si sus deseos tienen que ver con la búsqueda de conclusiones descarten su lectura. Aquí trataremos de alimentar uno de los ideales que envuelve al pensamiento complejo: todo conocimiento es inacabado.

PARTE

PARADIGMAS CIENTÍFICOS Y FÚTBOL

"*Seremos más inteligentes y más libres cuando conozcamos mejor la realidad, sepamos evaluarla mejor y seamos capaces de abrir más caminos o posibilidades en ella*". (J. A. Marina).

"*Desvelar los absurdos que condicionan nuestro pensamiento y nos acompañan disfrazados de tópicos, prejuicios, ideas preconcebidas, clichés, falsos paradigmas, lugares comunes y demás formas de pensamiento no es tarea fácil*" (Mateo, J; y Valle J.).

"*El pasado es la capital en la que viven nuestros recuerdos y, como toda ciudad, cambia su fisonomía poco a poco. Tendemos a modificar lo ocurrido en tiempos pretéritos en función de la nueva información que obtenemos en el presente. Pocas cosas le provocan mayor deleite a la memoria que exhumar el pasado para releerlo con ojos distintos. Ocurre que la relectura varía si la memoria cobija datos que le obligan a interpretar los hechos de un modo diferente a cómo los había presentado otras veces. Lo ocurrido en el pasado ya no se puede cambiar, pero cómo lo almacenamos en nuestro recuerdo sí*" (Mateo, J; y Valle J.).

CAPITULO 1.- EL LEGADO DEL PARADIGMA TRADICIONAL

"Nuestro sistema de enseñanza nos enseña a aislar los objetos de su entorno, a separar las disciplinas, a desunir los problemas, más que a unir e integrar. Nos ordena reducir lo complejo a lo simple, es decir, a separar lo que está unido, a descomponer y no a recomponer, a eliminar todo aquello que aporte desórdenes o contradicciones a nuestro entendimiento". (Edgar Morín).

"Cuanto más nos amenaza el vacío, más intransigentemente nos fortificamos frente a esas cosas que hablan de manera diferente; frente a las incertidumbres volvemos la vista atrás y nos refugiamos en nosotros mismos. Nos resistimos a que nuestra actitud segura y satisfecha, a que nuestro discurso estabilizado pierda el poder de convencernos y nos repleguemos sobre nosotros mismos para descubrirnos interminablemente inacabados". (Sergio Néstor Osorio).

Vivimos buscando certezas. Toda nuestra actividad, nuestro esfuerzo intelectual persigue el conocimiento, el saber, como algo asentado y diáfano. La sensación de seguridad que ello otorga es una de las pretensiones humanas más pretéritas y que permanecen vigentes aún en nuestros días. El ser humano se ha sentido siempre frustrado con el hecho de que el estudio de cualquier entidad únicamente puede aproximarnos a su conocimiento real, mientras que la satisfacción completa sería llegar a su última conclusión, a cerrar la verdad. Así, fuimos construyendo diferentes modelos que tenían como finalidad última la complacencia de dichas necesidades. En definitiva, hemos cedido nuestro pensamiento, nuestra reflexión, a la exactitud imperturbable.

En consecuencia, nuestra educación para el examen de cualquier manifestación vital nos ha llevado a decretar evidencias que corroboren *"la existencia de un orden mecánico y causal, que configura un universo cerrado por leyes"*[11]. Es notable nuestra tendencia a repeler todo aquello que no es

11 Carneiro, M; (2005). ***"De hormigas y personas. Management para la complejidad y el caos organizativo"***. ESIC. Madrid.

cuantificable y medible, excluimos la incertidumbre, lo azaroso, juzgamos la aparición del caos como si se tratase de un desorden del que debemos prescindir. En nuestra exploración, *"una vez que se ha tomado una decisión, es posible que se haya dudado en el proceso, no importa, pero cuando se ha tomado la decisión se tiende a buscar por donde sea factores que apoyen que es una decisión perfecta, y se ignora lo contrario"*[12].

Nos documentaron para deportar lo aleatorio, nos inclinamos a confiar en la linealidad de los procesos, en definitiva, creemos residir en un mundo dominado por la estabilidad y la regularidad de sus acontecimientos, donde *"orden y desorden son considerados como absolutos e incomunicables dentro de la lógica del fragmento"*[13].

Estas premisas, nos encaminan a simplificar todo material de aprendizaje, a reducir todo objeto a analizar para que esa nuestra demanda de certidumbre se vea cubierta. Además de simplificarlo todo, para su más asequible comprensión, existe la propensión de separar en unidades, en componentes, en partes, el objeto, el conjunto, de aquello que nos predisponemos a describir. Es un tipo de conducta que privilegia el análisis ante la síntesis. Parece obvio que *"preferimos la realidad ajustada a un modelo simple que podamos comprender"*[14], requerimos conclusiones que no confabulen contra esa nuestra mayor codicia, la del control causal y predicción de futuros efectos. Los datos, una vez higienizados de cualquier partícula relacionada con la aleatoriedad, nos tranquilizan, reforzando nuestra sensación de equilibrio.La disección en partes de la totalidad del conjunto, origina la necesidad, la aparición de especialistas que den explicación a cada una de las secciones que se han creado.

---

12 Allen Paulos, J; *"Calculamos fatal"*. Entrevista en programa Redes de RTVE. Marzo de 2005.

13 Roger Ciurana, E; (2000). *"Complejidad: elementos para una definición"* en pensamientocomlejo.com.ar.

14 Krishna, P; (2004). *"La percepción holística de la realidad"*. Traducción de Salvador Rojas. Documento del Centro de Educación de Rajghat. Fundación Krishnamurti de la India.

Al verlo todo de manera aislada, inconexa, cobran sentido los expertos, ya que surgen demandas que deben ser cubiertas, que otorgan competencias dentro del ámbito profesional a preparadores físicos, psicólogos, fisiólogos, nutricionistas, etc., los cuales, en muchos casos, construyeron sus teorías en contextos ajenos al fútbol. Una vez alineados como miembros del cuerpo técnico, aceptamos que el jugador está configurado por estructuras que no interactúan entre sí, aprobamos la comprensión del mismo a través de desintegrar sus propiedades.

Otra característica, implícita al paradigma clásico, tiene que ver con *"la disyunción absoluta entre el objeto y el sujeto que lo percibe y lo concibe"*[15]. En este caso, se admite que el sujeto queda al margen, es independiente del objeto de la práctica experimental, su implicación no lo determina, queda incapacitado para introducir variables a partir de sus puntos de vista, su sensibilidad hacia lo observado. Más bien estos son considerados como "objetos" pasivos *"capaces de razonar más que de sentir"*[16]. Se sostiene que dichas manifestaciones emotivas también tienen un carácter lineal.

Por último, este modelo de pensamiento analiza el elemento a interpretar seccionándolo de su contexto específico. No se entienden las partes como unidades sujetas a la interacción con las demás piezas y con su medioambiente, sino más bien como partes independientes con autoridad para ser analizadas sin estimar el conjunto al que pertenecen.

Mecanicismo, certeza, análisis, linealidad, reducción, determinismo, disyunción, son los conceptos de mayor repercusión en esta revisión a la ideología tradicional y asentada en nuestro tiempo, respaldada por las contribuciones del dualismo cartesiano mente-cuerpo, el mecanicismo newtoniano y el atomismo de Russell y Wittgenstein, entre otros.

---

15 Morín, E; (1999). *"L´intelligence de la complexité"*. L´Harmattan. París.
16 Munné, F; (2004). *"El retorno a la complejidad y la nueva imagen del ser humano: Hacia una psicología compleja"*. Revista Interamericana de psicología. N° 38.

Dónde está el fútbol, se preguntarán ustedes. No se preocupen, ahora, y en sucesivas secciones, tras este repaso teórico y necesario a las peculiaridades esenciales del paradigma que aún dispone nuestra percepción y administra nuestra acción, nos adentramos en el balompié para localizar la presencia de estas significaciones clásicas en su relación con nuestro deporte.

1.1.- LA SEPARACIÓN DE LAS PARTES DE UNA TOTALIDAD

"En la visión mecanicista el mundo es una colección de objetos. Sus interacciones, sus relaciones son secundarias" (F. Capra).

De acuerdo con esta característica propia de la concepción restringida de la realidad, tomamos conciencia, cuando nos predisponemos a intervenir ante cualquier demanda intrínseca a nuestro ejercicio comprensivo, de que pertenecemos a una sociedad en la que *"reinan todavía la reducción y la compartimentación"*[17], que nos recomienda dividir en fracciones lo que está tramado en conjunto, parcelar, para obtener un panorama más nítido de aquello que queremos analizar. Se trata de ofrecer explicaciones parciales que añadidas a otras nos ofrezcan la percepción total del sistema en cuestión. Esta idea atomizada del mundo, *"concibe a los sistemas y a las organizaciones como meros resultantes de la suma de las partes, por lo que explicarlos consiste en reducirlos a las unidades elementales que lo componen"*[18].

En al ámbito del fútbol, ya sea para describir la lógica del juego, razonar sobre la organización de cualquier grupo, evaluar el rendimiento de los

17 Morín, E; (2000). "La mente bien ordenada". Seix Barral. Barcelona.
18 Néstor Osorio, S; (2002). **"Aproximaciones a un nuevo paradigma en el pensamiento científico"** en VVAA. **"Manual de iniciación pedagógica al pensamiento complejo"**. UNESCO. Quito.

diferentes rivales o del propio equipo, así como para definir las características de algún jugador, nuestra maniobra privilegia los procedimientos desplegados por la mirada analítica, concretamente a través de uno de sus principios fundamentales, el de *reducción* o *de la elementalidad*, que

viene a descubrirnos que "*el conocimiento de los sistemas puede ser reducido al de sus partes más simples o unidades elementales que lo constituyen*"[19]. Su intención principal es el tratar de eliminar las relaciones, la estructura interna que une a los diferentes elementos o partes que conforman la totalidad del conjunto o sistema. Ve las propiedades de las partes como algo intrínseco a las mismas, originadas sin la participación de los procesos inter-retroactivos entre ellas, percibe acciones aisladas, desglosa y clasifica las cosas, los hechos, las facultades en departamentos cerrados. Omite pues, el pensamiento complejo, ya que este es, ante todo, un pensamiento que relaciona.

---

19 Morín, E; (1999). *"L´intelligence de la complexité"*. L´Harmattan. París.

DIVISIÓN DEL JUEGO EN FASES

"Estamos mejorando la defensa, pero nos queda mucho por mejorar en ataque" (Juande Ramos en rueda de prensa a la finalización del partido de Liga que enfrentó al Real Madrid y al Mallorca).

"Hay un aspecto que funciona, el ofensivo, se marcan goles y se generan ocasiones. Fallan aspectos defensivos. Es lo que tenemos que recuperar" (Txiki Beguiristain durante una entrevista concedida después de que el Barcelona estuviera tres partidos sin conseguir la victoria. El mundo Deportivo, 03 de Marzo de 2009).

Si estuviera a nuestro alcance rememorar todas las declaraciones que hemos escuchado o leído, entre ruedas de prensa, entrevistas, columnas, artículos y demás, más aún, incluidas nuestras propias reflexiones, comprobaríamos que cada vez que se hace referencia al juego del fútbol, más concretamente a las fases que lo componen (aunque sería más acertado decir que lo descomponen), siempre nos quedaría la sensación de que ataque y defensa tienen una existencia independiente, parece ser que ataque y defensa no forman parte de la misma realidad. Efectivamente, nuestro modelo de adquisición de conocimiento ha escindido el juego de manera binaria, otorgando un carácter opositor entre lo que se hace cuando el equipo está en posesión del balón y lo que desarrolla cuando no dispone del mismo. Hablamos de ambos términos, desde los que profundizamos aún más, de manera sucesiva, hasta adentrarnos en un segundo nivel de análisis y encontrar subfases integrantes de cada una de esas fases de defensa y ataque.

Así pues, el equipo en posesión del esférico puede estar en la subfase de *contraataque,* cuyo objetivo principal es aprovechar, a partir de la recuperación del balón, la desorganización del equipo rival, para progresar sobre los espacios abandonados y poder encontrar condiciones significativas que nos acerquen al gol antes de la reorganización del sistema adversario, o, por el contrario, nos podemos encontrar en subfase de *ataque organizado,* que no es otra que la que se desarrolla ante una defensa organizada, a la que hay que desestabilizar, desajustar, para localizar y explotar los espacios y situaciones que nos aproximan a la portería contraria.

Como podemos observar, según esta tendencia heredada de la ciencia clásica, ambas subfases están *"condicionadas por la forma, el momento y el lugar donde se recupere el balón"*[20].

En contraste, si no disponemos de la pelota, podemos estar organizándonos en defensa, lo que comúnmente es reconocido como repliegue, disposición que busca la recomposición del bloque defensivo, lo que nosotros vamos a distinguir como *organización defensiva*, o podemos hallarnos inmersos en la subfase de *defensa organizada*, que tendrá como propósito la organización y desarrollo de dicho dispositivo defensivo. Esta *"continua correlación ataque-defensa y viceversa, los cambios constantes en la posesión del balón, determina el ciclo del juego"*[21].

Dentro de cada subfase, en un nivel más profundo de segmentación, podemos plantear objetivos parciales o secuenciales, que *"establecen metas intermedias ayudándonos a conseguir los objetivos generales, conseguir y evitar goles"*[22], y que en ataque serían *el construir situaciones de ataque, crear situaciones de finalización y finalizar con éxito dichas acciones ofensivas.* En defensa, hablaríamos de *impedir la construcción de situaciones de ataque, de finalización, además de evitar que el equipo contrario finalice con éxito.*

Son particiones que fraccionan nuestra percepción o viceversa, es decir, nuestra observación está tan cultivada en la desintegración, en la dispersión, que así es como más asentado y sólido creemos tener nuestro conocimiento.

---

20 Bonilla, L; (2004). *"Construcción de la concepción o estilo de juego de un equipo de fútbol: selección y desarrollo de los sistemas de juego para las diferentes fases del mismo"* en *"Ponencias diversas. Tomo I. Colección preparación futbolística"* VVAA. MC SPORTS. Vigo.
21 (ibíd.).
22 (ibíd).

Verdaderamente, esta técnica consistente en separar las partes de una totalidad como la que representa en sí el juego del fútbol, resulta *"muy útil para saber los elementos o subsistemas de que se compone un sistema mayor"*[23]. El juego, en su conjunto es tomado como un sistema, mientras que las fases y las subfases, recientemente aludidas, serían, según O`Connor, J. y McDermott, I, autores afines al pensamiento sistémico, esos elementos o subsistemas de los que se compone ese sistema superior.

En la posterior disertación sobre la concepción del juego del F. C. Barcelona, verdadero núcleo de estas páginas, el ciclo del juego aparecerá en estas claves para que su exposición facilite la inserción del intelecto de cada uno de los lectores a la obra, aunque esta división artificial, esta representación incompleta, que nos reconforta por la sencillez que ocasiona el recortarlas de la gran red a la que pertenecen, deberá pasar obligatoriamente por el cedazo de los conceptos que propondremos en el segundo capítulo, pertenecientes al paradigma complejo y la comprensión sistémica de la realidad, como medida previa a *"ese deseo tan humano de separarlo todo para aprehenderlo"*[24].

DESINTEGRAR LAS ESTRUCTURAS DEL SUJETO

"Kaká es fantástico y tiene mucha habilidad. Es fuerte, inteligente y rápido. Espero poder jugar con él en el City". (Robinho en su página web, valorando el rumor que situaba a Kaká como futurible en el Manchester City).

La consideración del ser humano como algo mecanizado, formado por la reunión de distintas piezas, nos lleva a malinterpretar las aportaciones del profesor Seirul-lo, relacionadas con las estructuras de la persona. En esa pugna absurda nacida de la dicotomía juego-jugador, por instalar como punto de partida uno u otro, el actual miembro del cuerpo técnico del

23 O`Connor, J. y McDermott, I; (1998). *"Introducción al pensamiento sistémico"*. Urano. Barcelona.
24 Mateo, J. y Valle, J; (2007). *"El trabajo dignifica...y cien mentiras más"*. LID. Madrid.

F. C. Barcelona, influyente destacado de una metodología ajustada a la cultura específica del propio club, ha valorado sobremanera la contribución del jugador para el juego a partir de los propios procesos reflexivos del futbolista.

De este modo, destaca la interpretación del deportista como una *"estructura hipercompleja configurada por interacciones y retroacciones entre las estructuras condicional, coordinativa, socio-afectiva, emotivo-volitiva, creativo-expresiva, cognitiva y mental, en las que hay que considerar a cada estructura como la manifestación de procesos subyacentes"*[25].

Así, en la evaluación del jugador de fútbol, la estructura *condicional* razona sobre las cuestiones físicas (fuerza, resistencia,...), la *coordinativa* facilita la ejecución y el control del movimiento, la *cognitiva* nos otorga el tratamiento de la información, *la socio-afectiva* nos detalla las relaciones interpersonales, *la mental* nos indica la gestión de la incertidumbre del sujeto que juega, la *creativo-expresiva* nos enseña el lado más original, más íntimo, proyecta el yo personal en el terreno de juego, mientras que la estructura *emotivo-volitiva* sirve para identificar qué sugiere cada actividad desde el plano emocional y qué predisposición mantenemos para ejercer dicho compromiso[26].

Sin embargo, la irradiación conceptual del paradigma cotidiano extirpa dicho proceso subyacente que hace inseparables dichas dimensiones para ofrecérnoslas destejidas. El propio Seirul-lo señala que lo que *"nosotros llamamos tradicionalmente capacidades no son otra cosa que formas de evaluación sectorial de parte de los procesos que acontecen en algún sistema que configuran una determinada estructura"*[27]. Así pues, se prioriza la

---

25 Seirul-lo Vargas, F; (2003). *"Sistemas dinámicos y rendimiento en deportes de equipo"*. 1° Meeting of complex systems and sport. INEFC. Barcelona.
26 La descripción de cada estructura está realizada a partir de Aybar Bejarano, J.J; (2009). *"El lugar de los contenidos psico-caracteriales en la construcción y desarrollo de un modelo de juego, ¿ser o estar?"*. Conferencia para los alumnos del Curso Nacional de Entrenadores. Curso 2008-09. Sevilla.
27 (Ibíd).

optimización de cada una de ellas aisladamente, buscando la suma de cada una de ellas como proceso que busca el producto final, es decir, la comprensión del jugador por capacidades cerradas, que obvia las emergencias que resultan de su inter-retroacción, nos predispone a tratar al futbolista durante su preparación como a un sujeto al que hay que mejorarle su condición física, su técnica, su táctica, su psique, etc., de forma independiente, como si en cada intervención, durante la práctica, únicamente requiriese de la movilización de una o varias de estas estructuras.

En el mundo profesional, se acumulan testimonios casi sentenciosos que dan forma a los criterios citados anteriormente. Nos son familiares, comentarios como *"El futbolista es un atleta. Ese es su principal activo, por lo que su preparación física debe ser perfecta para aguantar y correr. Pero también piensa. Por un lado los jugadores se ponen físicamente a tono. Por otro, se han vuelto a ilusionar"*[28], cuya base sobrevalora la condición del ser humano configurado por el carácter sumatorio de diferentes elementos autónomos.

Estamos de acuerdo con Raúl Caneda[29], cuando manifiesta que algunos jugadores hacen un uso mayor de algunas estructuras por encima de otras. Este hecho es tendente, no excluyente. Es incuestionable que Puyol, Álves o Keita, solicitan un mayor protagonismo de la estructura condicional, de valor físico, que, por ejemplo Xavi, Iniesta o Piqué, que demandan con mayor exigencia la coordinativa y cognitiva, aunque, en todos los casos, ninguna de estas estructuras queda eliminada de la acción a desarrollar, tal y como veremos en el segundo acto dedicado exclusivamente a examinar las aportaciones del paradigma sistémico, ecológico y complejo.

---

28 De Blasi, preparador físico del Español de Barcelona en Diario AS el 12 de Febrero de 2009.
29 En la actualidad, segundo entrenador de la Real Sociedad.

PRIORIZAR LO CUANTIFICABLE

"Es fundamental cuantificar todo lo que hacemos, poner números, valorar las cosas según los test. Algunos años atrás no había medios. Ahora disponemos de GPS para saber por dónde corremos, de pulsómetros para medir en tiempo real la frecuencia cardíaca, medimos una cantidad inmensa de parámetros con las siete cámaras que hay instaladas en el Bernabéu Hay que llevar un control informático de todos los jugadores: saber cuánto ha corrido cada día Raúl, los minutos que ha jugado, cuantos kilómetros lleva hechos en el campo en un año y a cuánta velocidad" (Walter Di Salvo, preparador físico del R. Madrid, en Diario AS, 30-7-2007).

"Lo técnico está al servicio del fútbol, lo contrario es la tecnificación del fútbol" (Modificado de Roger Ciurana).

Ya anticipamos anteriormente, que la necesidad imperiosa de conectarnos a nuestra seguridad era una de las características cardinales del arquetipo simplista. Nuestra voluntad está entregada a lo que se puede cuantificar. Controlar sistemas tan altamente dinámicos como el fútbol, tan sujeto a modificaciones y transformaciones, tan sensible a la evolución, o querer extraer conclusiones de los procesos mentales de los jugadores de fútbol, el porqué de sus decisiones, de sus sensibilidades, son tareas profundamente complicadas, máxime si prescindimos, tal y como nos recomiendan los parámetros científicos, de las relaciones e interacciones, de todo cuanto desprende diversidad.

Afortunadamente, todavía no existen artilugios o instrumentos para desentrañar los porqués de las conductas de los futbolistas, ya que estas dependen de sus estados emocionales. Por esta razón, ante la imposibilidad de obtener datos concluyentes que satisfagan nuestra necesidad de control, y por insistir en nuestra pertinaz censura a la incertidumbre, nos resguardamos en los parámetros condicionales, ya que estos si son medibles, y en un sinfín de estadísticas que nos muestran el lado cuantitativo del juego, como pases acertados, kilómetros recorridos, balones recuperados, etc.

Estos guarismos, que esquivan el fundamento cualitativo de deportes tan sujetos al cambio como el fútbol, sirven para confirmar el trabajo, las horas de dedicación de los entrenadores de fútbol, algo que actualmente prestigia. Para Lillo[30] *"Los entrenadores entrenan lo cuantificable. Se fijan en lo mensurable, en cifras y letras. Se alejan de las necesidades del juego y del jugador para justificarse a sí mismos. Se hace todo lo que resulte visible para que el que te permite estar lo vea. Las cifras tranquilizan su conciencia".* Saber interpretar la cantidad de ácido láctico, manejar los datos obtenidos a través de la pulsometría, son valores que tasan la valía del entrenador actual. Nos sentimos orgullosos al registrar la cantidad de metros recorridos, más aún si los dividen en sprints, ritmo medio, bajo, etc., de nuestros jugadores, ansiamos saber el número de pases no errados o balones perdidos sin tener en consideración su valor contextual.

Como lo físico si se presta a cálculos, es en ello desde donde organizamos la planificación del equipo, desde donde evaluamos el rendimiento o diagnosticamos los posibles dilemas que irremediablemente aparecen en competición.

Son recurridísimos los tópicos como "la falta de chispa", "el bajón físico", "la diferencia de velocidad" y demás, cuando tratamos de justificar derrotas, o "la perfecta ejecución del plan físico impuesto por el responsable del mismo", "el impecable momento de forma" como responsable último de los éxitos alcanzados. De una semana a otra, un equipo, según estos criterios, puede pasar de un estado de forma magnifico a otro esperpéntico.

Observen varias demostraciones que reflejan esta propensión hacia lo condicional como referente organizador dentro del panorama elitista, concretamente el Real Madrid de la temporada 2006-2007. En el primero, recalcamos el hecho de que la preparación física condiciona el periodo preparatorio del equipo, mientras que en el segundo caso resaltamos, como semanas más tarde, los mismos profesionales que dedicaron sus esfuerzos a

---

30 Lillo, J; *"Shakespeare y el entrenador contemporáneo"* en Solar, L; (2008). "Culturas de fútbol". Bassarai. Álava.

maximizar el plano condicional, denuncian precisamente a las deficiencias relativas a dicho componente como causantes de la derrota en la primera jornada de Champions League, concretamente en el partido que les enfrentó al Olympique de Lyon:

"Hemos empezado la segunda parte de la pretemporada. Se ha terminado la mejora de la capacidad aeróbica, y ahora entramos en el aumento del aspecto anaeróbico y láctico, en términos más concretos, de explosividad y rapidez"[31].

"Fueron ocho series de cincuenta metros cada una, en una colina con una pendiente del 17%, que según confirmó el preparador físico, es la ideal para perfilar este trabajo. Los jugadores – Baptista, Juanfran, Jurado, Portillo, Helguera, Ramos, Pavón, Guti, Diogo, Balboa, Raúl Bravo, De La Red, Pablo García, Gravesen, Raúl, Salgado y Rubén – empezaron con muchas ganas, pero finalmente, y fruto del cansancio que estaban acumulando, las piernas ya pesaban demasiado.

En grupos de dos, salvo el formado por Sergio Ramos, Raúl y Michel Salgado, estuvieron veinte minutos para recorrer, cuesta arriba 400 metros. Se acabaron los entrenamientos de resistencia, y se inicia una segunda parte, en la que se mejorará la potencia y la velocidad"[32].

"No hubo fallos de concentración, porque cuando se juega contra el Lyon la concentración es automática. Es un problema físico. Ellos están ahora mejor que nosotros. Esperamos alcanzar cuanto antes nuestra mejor condición física porque eso es muy importante"[33].

"La diferencia física entre los dos equipos es muy grande. Físicamente estaban mucho más fuertes que nosotros y ahí reside la diferencia del encuentro. Esa creo que ha sido la diferencia básica entre los dos equipos"[34].

31 Massimo Neri, preparador físico del Real Madrid, en una entrevista concedida para realmadrid.com el 31 de Julio de 2006.
32 Sánchez, J. L; y Monge C; en realmadrid.com, referente a la pretemporada 2006 del Real Madrid en Irdning (Austria).
33 Fabio Cannavaro tras la derrota de su equipo en Lyon en marca.com el 13 de Septiembre de 2006.
34 Fabio Capello, entrenador del Real Madrid en as.com, tras el partido reseñado, O. Lyon – Real Madrid. 14 de Septiembre de 2006.

De otro lado, vean seguidamente cuáles son los criterios sobre los que preferentemente se fundamenta el estado de forma de los equipos. En esta oportunidad, recogemos una crónica que describe la trascendencia que tienen los aspectos físicos y fisiológicos en los clubes, concretamente un reportaje sobre el Cádiz y varios de sus objetivos a falta de tres meses para finalizar su competición en la Segunda División B[35]: " *El Cádiz baja su intensidad para subir chispa*"

Los técnicos suavizarán a partir de esta semana el trabajo para que las piernas lleguen frescas al 'play off'.

Objetivo: recuperar la chispa. La temporada llega a su fin. Han sido ocho meses (contando el verano) de durísimo trabajo para forjar esa base de resistencia que permita llegar fuertes al ocaso del curso. El cuerpo de los futbolistas ya se resiente después de tanto entrenamiento y partido, y a partir de esta semana los técnicos comenzarán a suavizar las sesiones para que las piernas alcancen su mayor frescura en las eliminatorias para el ascenso.

Interesa recuperar esa punta de velocidad que dificulta la fatiga. Las sesiones de recuperación serán más suaves, se forzará aún menos a los tocados. Se disminuirá la intensidad, y prueba de ello es que esta semana se descansó ayer pese al duelo del sábado.

J. Solla, Losada y Fernández Cubero han demostrado con creces que saben lo que tienen entre manos. El equipo llega con fuerzas al final de todos los encuentros. Han sido frecuentes la remontadas, y un gran porcentaje de goles ha llegado en el último cuarto de hora.

Las lesiones han brillado por su ausencia. Sólo Raúl López y Cristian han sufrido alguna microrrotura, y Fran se ha perdido varios partidos por la tendinitis de la que recayó. Esto se consigue gracias a la labor de prevención. Gran parte de

---

35 Aguilera, J. M; en canalamarillo.com, el 17 de Marzo de 2009.

ella en el gimnasio, con ejercicios para fortalecer las zonas más problemáticas o sensibles de cada jugador. Estando encima de él a la menor queja, realizando planes específicos e individuales.

Y también sobre el terreno de juego. LA VOZ realiza un análisis minucioso del circuito de ejercicios que han diseñado los técnicos cadistas y que ha logrado que la parcela física sea tan valorada tanto por expertos como por afición. Con estas actividades se trabaja el tren inferior (de abdominales para abajo) y se mejoran sensiblemente la potencia, la velocidad, el salto, los desplazamientos laterales y la arrancada. Juan Solla llena el césped de pequeños objetos con los que trabajan los futbolistas del Cádiz. Cada uno tiene una misión específica aunque varios ejercitan las mismas habilidades.

Es curiosa la cuerda elástica que atrapa a los jugadores. Obliga al deportista a correr con una contrarresistencia, un exceso de trabajo sobre la zona. Una vez se quita el peso se va más deprisa, así que se aumenta la velocidad y la potencia de arranque.

Otra novedad con respecto a los últimos años es la aparición de esos cajones de madera dispuestos sobre el césped. Un ejercicio pliométrico. Se ensaya y mejora la potencia y calidad del salto, una técnica para aprender a coger impulso, y así se gana en altura y en suspensión.

El equilibrio en los aros es fundamental. Así se coordinan los sistemas ligamentosos y la estabilidad articular. Imprescindible para los dribling, al igual que los conos. Se trabajan movimientos que no son propios de la actividad normal pero son habituales en el fútbol.

En la escalerilla que se extiende sobre el césped se mejora la coordinación y la velocidad con la que se hacen los movimientos. Las vallas también ensayan este aspecto junto a la coordinación.

El doctor Fernández Cubero desvela que se hacen test periódicamente y la mayoría mejora su rendimiento, salvo aquellos que por edad no pueden ofrecer más. La velocidad se pone a prueba con el cronómetro (en distancia de cinco, diez o veinte metros), la fuerza con planchas de medición, y también en el salto se analiza la presión ejercida sobre el suelo y el tiempo en suspensión.

El fútbol ha cambiado y ya en los entrenamientos no sólo se trabaja la técnica y la resistencia. Hay que ofrecer más. Y este Cádiz mejora, pues le queda mucho margen. Porque está muy por debajo de donde debería".

En la parte introductoria a este capítulo, pensando en ustedes, en sus efervescentes inquietudes, formulaba una cuestión que decía, "¿dónde está el fútbol? se preguntaran ustedes", ya que en nuestro previo empeño de invitarles a enfocar su observación sobre este juego, de forma que les acerque a su mejor comprensión, los conceptos relacionados directamente con el balón aún no habían aparecido. Ahora, con su permiso, a nosotros también nos asalta la misma duda, después de recorrer palmo a palmo estas premisas tomadas del más alto nivel. Permítannos de igual forma el preguntarnos, ¿y aquí, dónde está el fútbol?

ACCIÓN Y FUNCIÓN

"Es verdad que me gusta más jugar de delantero centro, pero también lo puedo hacer en la banda izquierda. Pero este año va a ser otro y yo quiero marcar goles. En mi cabeza sólo está volver a marcar goles. Este es mi objetivo" (Thierry Henry a Diario Sport, 22 de Mayo de 2008).

"A nivel personal y antes de enfrentarse a uno de sus ex equipos, el Getafe, Pernía reconoció que echa de menos marcar goles, como hacía en su anterior etapa, pero apuntó: "Son momentos. Estaba en una racha muy positiva en ese momento, pero yo desde que vine a este club mi función era otra, defender, y después si puedo ayudar en ataque mejor. Con tranquilidad y haciendo las cosas bien seguramente volverá alguno... espero". (EFE, 11 de Febrero de 2009).

En virtud del pensamiento disyuntivo, los jugadores de fútbol también son representados en aras de la división artificial de sus recursos. Su descripción se supedita a las acciones que realiza dentro del terreno de juego, interpretadas desde la abstracción. De ese modo, los futbolistas cumplen funciones, en muchos casos sin respetar sus capacidades, obviando que el fútbol es un juego que descubre las posibilidades de interactuar de los que lo practican.

Acción e interacción, función y funcionamiento, son concebidas como lógicas que se excluyen o, al menos, distan mucho entre sí. Parece que el camino que transita la razón cientifísta conservadora, parte de los desempeños individuales al funcionamiento, es decir, pretende hacernos llegar lo global a partir de la exposición de lo particular.

Descomponemos para analizar el tipo de conductas manifestadas por cada jugador dentro de su puesto específico. Así, trasciende nuevamente la especialización, reflejada en la denominación de estos puestos específicos, que contienen un adjetivo relacionado con una fase del juego, como medio centro defensivo u ofensivo, etc.

Como el tratamiento de la información tiene que ver con la comprensión que tenemos de la misma, somos nosotros mismos los que, a través de nuestras decisiones, hacemos más distantes las piezas en las que hemos descompuesto lo que naturalmente forma parte de la misma unidad. Fichamos a jugadores, alineamos a los mismos, como si la inteligencia individual no tuviese dependencia de la colectiva, como si la conducta de cada cual no influenciara las posibilidades de los demás. Los equipos aparecen como una colección de propiedades cerradas, dando lugar, en esta cadena de despropósitos, a que los propios protagonistas presenten sus credenciales con frases como "soy un luchador y vengo a robar balones"[36].

Cuando, por ejemplo, queremos incorporar a un delantero, en lo único que nos fijamos es en el número de goles conseguidos en la etapa más reciente de su trayectoria, así evaluamos su estado de forma. En ningún momento afrontamos estas decisiones valorando las posibilidades emergentes resultantes de la configuración de relaciones de los jugadores que componen la plantilla en cuestión. Para tasar las virtudes del futbolista, descomponemos al mismo en propiedades técnicas (es buen pasador, domina el juego aéreo, tiene buen 1x1...), tácticas (siempre elige bien la ayuda defensiva a realizar, está atento a realizar las coberturas a sus compañeros de línea, se desmarca con sentido,...), físicas (es rápido, tolera esfuerzos importantes,...) o psicológicas (soporta la presión de la grada, no lo condicionan los momentos críticos,...), en un empeño que pondera lo disciplinar y cuantificable, y desprecia la trascendencia de lo íntegro. El establecimiento de fronteras disciplinares queda justificada en esos momentos, ya que si el jugador es contemplado como un compendio de partes no relacionadas entre sí, la lógica impone la necesidad de expertos que sepan interpretar eficientemente el nivel de cada una de ellas en los distintos sujetos.

---

36 Declaraciones de Lass Diarrá en su presentación como jugador del Real Madrid.

1.2.- Anulando el valor contextual

"Obsesionados en que haga algún día con la zamarra albiceleste las maravillas que ha hecho con la azulgrana. Por eso, Maradona lo mima. "Yo lo quiero como goleador, como pasador, de todo. Su mejor sitio es el que tiene en el Barça, por la derecha, bajar a buscar el balón y dejarse caer en el centro", comentó ayer Maradona a la agencia France Presse. "Esa es la posición donde se siente más en su salsa", aclaró el seleccionador, entregado a Messi. Más que nunca. ¿Por qué? Porque lo necesita. Porque Argentina entera sueña con ver al Messi del Barça. Porque Maradona no tiene tiempo para fallar, ya que en año y medio llega el Mundial de Suráfrica. "Si usted es seleccionador y lo pone a la izquierda cuando él se siente mejor en la derecha, es que usted está loco. Hay que dejarlo donde mejor se siente, intentar pasarle el balón a la velocidad que él quiera y dejarle jugar", recalcó luego Maradona. (Diario El Periódico, 10 de Febrero de 2009).

Seducidos por esa creencia de que el razonamiento cartesiano nos conduce a la verdad absoluta, y nos alienta a afirmar que somos poseedores del conocimiento exacto del juego y del jugador, el contexto donde se producen las acciones queda igualmente descartado de cualquier análisis, de toda construcción conceptual. Así, *"la ciencia construye su objeto extrayéndolo de su ambiente para ponerlo en situaciones experimentales no complejas"*[37]. La cuestión es que, de ese modo, tenemos *"un panorama desglosado en particularidades específicas, pero no una visión que congregue el conjunto, que lo vincule y que permita disponerlo de acuerdo con los cambios vertiginosos del entorno"*[38].

El contexto donde cada jugador expresó determinadas capacidades no es incorporado como criterio para definir su rendimiento. Las circunstancias originadas por la organización general, por lo que los compañeros con sus características condicionan su productividad, quedan apartadas. Presuponemos que si un jugador ofreció un determinado rendimiento en una estructura concreta, puede reproducir el mismo comportamiento aunque se

37 Morín, E; (1998). *"Introducción al pensamiento complejo"*. Gedisa. Barcelona.
38 Gutiérrez - Cuevas, C; (2004). *"Gestión del conocimiento en la práctica"*. Albricias.

modifiquen las circunstancias. No se tiene en cuenta con quienes se va a relacionar, en su nueva situación, dicho futbolista. Tal es así, que jugadores que vienen de realizar campeonatos a un alto nivel, ven mermadas sus prestaciones de manera significativa de una temporada a otra. Las demandas contextuales definen la productividad de los sujetos. Los técnicos invierten una cantidad importante de tiempo en establecer las causas que determinan ese descenso de eficacia. Las conclusiones más habituales suelen relacionarse con carencias de carácter físico, de falta de motivación u otro aspecto emocional. En raras ocasiones suele atenderse al sistema de relaciones de la que es partícipe el jugador, en la que está inmerso, es decir, las posibilidades de cada jugador en base al juego pretendido queda en un segundo plano.

Sirva como demostración, el hecho de que Maradona, una vez nombrado seleccionador argentino, informaba que uno de sus objetivos, para aprovechar las condiciones de Messi, su suficiencia para marcar diferencias, para desequilibrar, era que el habilidoso jugador argentino se pareciera al que interviene en el Barça.

Incluso hablaba de mantenerlo en el mismo puesto específico que ocupaba en su equipo. El patrón de organización de Argentina, condicionado por Mascherano, Gago o Agüero, no tiene las mismas características que el del F. C. Barcelona, que vienen dadas por los Xavi, Iniesta, Márquez y cía. No vamos a establecer comparación alguna entre ambas concepciones de juego, ni siquiera cuál de ellas descubre la mejor versión de Messi. De lo que estamos convencidos es de que es imposible, al menos difícil, además de pretencioso, extraer correspondencias entre lo que el astro argentino realiza rodeado de unos u otros. No debemos olvidar que *"cada uno de nosotros somos lo que somos y el conjunto de relaciones en el que estamos incluidos"*[39], que hay que respetar, en todo momento, la integración de cada parte con su entorno específico.

---

39 Marina, J. A; (2004). ***"Aprender a vivir"***. Ariel. Barcelona.

1.3.- La complementariedad artificial

"Daniele De Rossi y Alberto Aquilani son dos centrocampistas distintos y com-plementarios. Los dos son importantes tanto en la Roma como en la selección, en especial el primero. Uno, De Rossi, representa el clásico especialista defen-sivo, tan de moda en el fútbol actual. El otro, Aquilani, se acerca a lo que se llama en Italia el 'fantasista'". (M. Malagón en "Dos centrocampistas distintos y complementarios". Marca.com, 02-04-2008).

Si, como hemos matizado recientemente, cada jugador se encarga de cumplir una función, ejecutada a través de acciones, habitualmente encuadradas en una fase de juego concreta, eximidas de la totalidad, es comprensible que cuando se buscan complementariedades que incrementen la productividad del colectivo, estas vengan a partir de intentar asociar futbolistas con rasgos contradictorios. Un central expeditivo junto a otro que tenga calidad para conectar con los centrocampistas; un medio centro para recuperar, otro para distribuir, etc; son los cánones a la hora de confeccionar una alineación competitiva. Todo se establece más en función de las diferencias que de las similitudes, considerando lo discorde como norma fundamental para la construcción de lo que se suele denominar equilibrio táctico. Se procura hallar un orden por la introducción de criterios antagónicos donde las semejanzas son excluidas.

Observamos, como equipos del más alto nivel, "compensan", por ejemplo, la presencia de dos jugadores de banda con capacidad para superar a sus pares, que conectan bien con sus delanteros, con dos medios centros supuestamente encargados de contrarrestar la presencia masiva de elementos de su propio equipo cerca del área rival. Así no se altera el principio del equilibrio, ejemplificado en el éste para esto, aquel para aquello. Las plantillas se presentan como una amalgama de individualidades, de sujetos cuyas cualidades se ven restringidas por la imposibilidad de hacerlas coincidir con las de los compañeros. Hablamos pues de que las condiciones de cada jugador son potenciales y dependientes de la interactividad.

Quizás, como ya veremos con mayor detenimiento más adelante, existan futbolistas que tienen una mayor capacidad para influenciar, para incrementar el nivel del juego de los demás que otros, pero no debemos borrar de la memoria que para que no exista una disminución de las posibilidades del conjunto, para que la configuración de relaciones sea fructífera, nada más conveniente que alinear a jugadores que se manejen en claves similares. Apuntan Mateo y Valle[40] que *"lo semejante atrae a lo semejante"*, por ende, si juntamos necesidades, sensibilidades análogas, el producto resultante va a ser mucho más armónico que si imponemos una recopilación de motivaciones enfrentadas.

Jorge Valdano, nos acerca a la comprensión de las lagunas que poseen los consejos del viejo paradigma en relación al concepto de complementariedad, a través de juzgar la configuración de relaciones de la selección española durante la Eurocopa de 2008:

> *"Huyó del fifty-fifty, de esa teoría de poner a uno que desequilibre y otro que recupere, porque al final no haces ni una cosa ni otra. Renunció a centímetros y se decidió por jugadores de características similares, con complicidades que convirtieron a España en un equipo indescifrable. Y es que si Iniesta se la entrega a un especialista en destrucción, la pelota no vuelve. Por lo tanto, es mentira que se reparta el juego, no se reparte nada"*[41].

Estas palabras, nos hacen mucho más familiar el espíritu de la complementariedad, que viene a confirmar que las diferencias únicamente se pueden complementar a partir de las similitudes, y que la dificultad aparece cuando pretendemos generar competencia alineando a jugadores que interpretan el juego de manera dispar.

40 Mateo, J. y Valle, J; (2007). **"El trabajo dignifica...y cien mentiras más"**. LID. Madrid.
41 Entrevista en Diario El Mundo realizada por Orfeo Suárez, el 23 de Septiembre de 2008.

1.4.- LEYES Y PRINCIPIOS INQUEBRANTABLES. EL ASENTAMIENTO DE LA LÓGICA

"Las leyes son deterministas, pero eso no significa que lo sea la naturaleza. Confiamos nuestra seguridad y nuestro progreso a la ciencia porque nos aferramos a su determinismo, mejor dicho, en nuestra vida cotidiana lo forzamos en un intento de alejar un azar que se nos antoja catastrófico. La imagen que hemos dado al azar... según el cual el determinismo es un postulado, algo que nosotros esperamos sea verdadero y que aceptamos con intención positivista". (Jorge Wagensberg).

*"Después de un partido donde los laterales atacaban a lo loco, **Aragonés**, les recordó a ambos, **Capdevila y Ramos** que no pueden subir los dos a la vez, que cuando uno sube el otro tiene que quedarse abajo. ¿Cuál fue el resultado? Dos laterales que no atacaban nunca. ¿Cómo es posible? Y claro, Aragonés le pide que suba un poco más. ¿El resultado? El pobre Ramos se está volviendo loco. Vamos a ver, ¿cómo es posible que un lateral no conozca esos mínimos conocimientos del puesto? ¿Cómo? No lo puedo entender". (Blog "madridadas" del 17-06-08).*

Pertenecemos a un deporte que se resiste a escapar del determinismo, que está encasillado en el mismo. En fútbol, las intervenciones de los jugadores, se someten al castigo de la invariabilidad. Nuevamente, la pretensión se centra en asirlo todo, en reducir la incertidumbre, aunque con ello nos veamos cada vez más distanciados de la realidad o nos haga contemplarla de manera desfigurada. Somos consumidores de ideas preconcebidas, recelosos con lo desconocido, subyugados a los saberes mitificados.

Nos muestran la lógica del fútbol protegida por reglas con carácter definitivo, incuestionables, de aplicación irremediable para el desarrollo del juego. La condición de dichas normas nunca es orientativa, no están planteadas para ser reflexionadas, sino cumplidas.

Tal es así, que nos instan a aprender que, sin ningún género de dudas, el contraataque debe ser realizado a gran velocidad, la basculación debe impedir la apertura de intervalos entre defensores, dejando liberada la zona contraria a la posición del balón, generándose así un lado fuerte y uno débil. La distancia de cobertura no atiende a parámetros como las características de los jugadores del equipo rival que pretenden progresar con o sin la pelota; que para jugar directo se necesita un delantero referente, alto, que domine los espacios verticales, capaz de asistir a los compañeros que lo circundan, que este tipo de juego no debe de realizarse con dos delanteros y si con tres medias punta, como si no se pudiese jugar de forma directa al espacio y no necesariamente a la disputa y con dos puntas; que al jugador que pretende desbordarnos habrá que ofrecerle la salida por línea de banda, aunque sea más peligroso como asistente con su pierna hábil y mediante envíos al área. Mostramos conformidad, en que para mantener un resultado favorable debemos sustituir a jugadores con un perfil más atacante por compañeros que colaboren en la defensa de este marcador conveniente, a través de pensar solamente en tareas

de oposición, dejando la iniciativa que concede el balón al contrario por completo.

Estos y una infinidad de hechos más, constituyen las "verdades indiscutibles" del juego del fútbol, su orden legítimo, así que todo lo que ponga en entredicho tales dogmas es rechazado por los poseedores de la razón. El que comete la desdicha de llevar la contraria, es arrinconado, el que cuestiona cualquier ley es declarado oficialmente ignorado público. La única coyuntura que nos estimula a mostrar corporativismo es precisamente cuando aparece en escena la inteligencia de alguien que nos arrima a nuestra ignorancia. La idea es salvaguardar el sistema de fundamentos prefijados que nos hacen sentir una agradable sensación de estabilidad. Naturalmente, y a la mayor brevedad, se intenta desprestigiar a aquel o aquellos que contradicen lo establecido, por más riqueza argumental que conlleve su discurso.

Presten atención a la figura 1. Representa un momento del partido de Champions League entre el F.C. Barcelona y el Chelsea F. C. En dicho dibujo, se observa como Gallas (simbolizado mediante el triángulo azul cercano al círculo con el número 10), actuando como oponente directo de Leo Messi (el círculo número 10), amplía significativamente el intervalo respecto a su compañero colindante en anchura, el central izquierdo. Si tal decisión, la argumentamos desde las bases de unas reglas invariables, tal y como plantea el pensamiento clásico, el hecho en sí parece quebrantar los principios de la basculación defensiva, como pueden ser el evitar la apertura de pasillos entre unidades defensivas o la disuasión de penetraciones. Sin embargo, si atendemos a la peligrosidad de Messi cuando es portador del balón, a la escasa tendencia del mismo a penetrar sin estar en posesión del mismo, y que en esa circunstancia concreta ningún jugador de segunda línea está en condiciones de aprovechar dicho intervalo entre lateral y central, la decisión del lateral francés parece tener mucho más sentido que el que establecen las leyes de cumplimiento obligatorio que acabamos de mencionar.

Este caso, así como otros muchos, sirve para constatar la baldía rutina de restringir todo a unas cuantas reglas universales e inmutables. Estas aparentes contradicciones tienen cabida en un tipo de pensamiento que privilegie la pluralidad. No podemos restar posibilidades en base a este tipo de creencias imperturbables e inflexibles, ya que la riqueza de variables

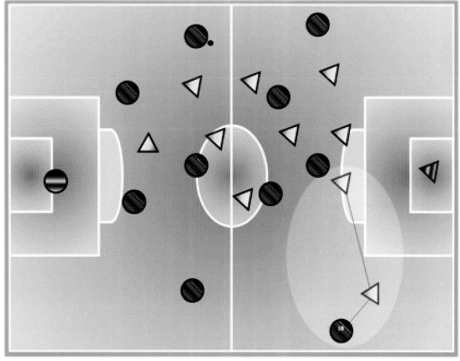

Figura 1

que atesoran las situaciones de un deporte como el fútbol, donde alcanzar la eficacia depende de innumerables factores, desaconseja el someternos a este tipo de reduccionismo, fundado sobre la fiabilidad tajante de la lógica implantada.

1.5.- Desunión entre objeto y sujeto cognoscente

"Cada uno de nosotros ve las cosas no como son, sino ¡como quiere verlas! En resumen: si no lo creo no lo veo" (Guix, X; psicólogo catalán).

"El aspecto básico de la epistemología empirista es que vivimos una realidad objetiva, que ya tiene contenida en sí misma el sentido de todas las cosas y que esta realidad existe independientemente de nuestro percibirla. Esta realidad es además única y es para todos igual. El conocimiento es sólo una representación de esta realidad, y la única manera de ver si este conocimiento es verdadero es sólo mediante la correspondencia del orden externo con este conocimiento visto como una representación de ese orden" (Ruíz, A; en Fundamentos teóricos del enfoque post-racionalista).

El dualismo cartesiano sujeto – objeto sigue con vigencia en nuestros días. En este deporte, considerar que el jugador puede modificar el juego a través de sus interpretaciones es, a menudo, denunciado como un acto de desacreditación a las órdenes de nivel superior suministradas por el entrenador.

La definición del estilo de juego, de cada uno de los equipos, emana de las creencias de los distintos entrenadores, convicciones que no siempre están basadas en las posibilidades de los jugadores, y sí en una colección de conceptos asumidos a través de la experiencia del técnico. Es un material ya dado, que toma al jugador como un ente neutro ante ese material. Estamos pues, tratando al principal protagonista de este juego como *"un mero espectador, un simple receptor de estímulos, un eterno copiador y reproductor de informaciones"*[42], que debe asumir que el modelo que sus técnicos le presentan no está sujeto a las variaciones que puedan introducir a través de sus engranajes. Para ellos, este material es cerrado, imposibilitándolos

---

42 Moraes, C. M; (2001). "Tejiendo una red, pero, ¿con qué paradigma?". Recuperado de la web www.sentirpensar.net

para ejercer sobre el mismo cualquier tipo de aportación que se exceda de esos límites.

Estas costumbres, han dado lugar a futbolistas repetidores de patrones estereotipados, situándose estos en un lugar casi funcionarial. Si además de emplearlos en funciones que no guardan relación natural con las de sus compañeros, les eliminamos la posibilidad de que reflexionen sobre lo que la práctica origina; si su participación en las sesiones de entrenamiento está determinada por ejercicios destilados de toda manifestación contingente, estamos ante la certeza de que la clarividencia hizo un traspaso de poderes desde el cerebro de los jugadores al de sus técnicos. La dependencia del jugador es absoluta. Tanto es así, que, actualmente, se tiene la opinión generalizada de que es desde el cuerpo técnico desde donde nace el fútbol de sus equipos.

EL ENTRENADOR Y SUS COLABORADORES COMO PROPIETARIOS DEL SABER

"Si sólo fabricamos jugadores obedientes, no nos quejemos de la falta de líderes" (Jorge Valdano).

"La máscara del control quiere dejar claro el <yo soy competente y nada se me escapa>. Éste cosmético emocional da mucho trabajo, ya que propone una misión imposible. Vivimos en la incertidumbre y, a veces, en el caos, y es normal que pueda ser difícil aceptar lo inesperado y que, por tanto, el descontrol forme parte de nuestro equipaje" (Soler, J. y Conangla).

"Muchos profesionales encerrados en sí mismos como expertos técnicos, no encuentran nada en el mundo de la práctica como motivo de reflexión. Se han hecho demasiado expertos en las técnicas de desatención selectiva, las viejas categorías, y el control situacional, técnicas que utilizan para salvaguardar la constancia de su conocimiento desde la práctica. Para ellos, la incertidumbre es una amenaza, su admisión es signo de debilidad" (Schön, D.).

¿Quién posee el conocimiento? Es una incógnita que parece haya que resolver.

Los entrenadores caemos en una contradicción que desnuda nuestro verdadero personaje. Cuando se trata de evidenciar el estilo de juego, eliminamos al sujeto que tiene que jugar porque, según nosotros, la dedicación infatigable al entendimiento del fútbol nos coloca como propietarios de su lógica. Son saberes que habrá que depositar en los cerebros de cada uno de los jugadores para que el equipo funcione. Sin embargo, cuando tratamos de convencer a alguien de nuestra valía, de que la elección del equipo que nos contrata es atinada, no tardamos en exhibir el curriculum que forjamos como jugadores profesionales y la experiencia que adquirimos mientras jugábamos.

Todas estas teorías, estos esfuerzos denodados por enaltecer nuestra figura, acaban por distanciar definitivamente al futbolista con el material de aprendizaje, convirtiendo a los mismos como sirvientes, ejecutantes de las ocurrencias del entrenador. Decía Lizárraga[43] que hemos creído que el aprendizaje depende más de lo que el profesor haga para enseñar que de lo que el alumno haga para aprender, con lo que el papel del jugador queda subyugado a la representación de la realidad del entrenador y no a la de él.

En esa entrega de la materia gris, de los procesos reflexivos, al cuerpo técnico, cada vez es más habitual encontrarnos a jugadores preocupados por aspectos que, aunque tienen un protagonismo evidente en las competencias de los especialistas de los cuerpos técnicos, tienen poco que ver con aquello que le está incomodando para obtener su máximo rendimiento. Son cotidianas las charlas con nutricionistas, con fisiólogos, con psicólogos, que además de, en la mayoría de los casos, no entender el juego (aunque tampoco se les exige), agravan sus problemas al no colocarlos en su contexto original.

El jugador sabe lo que su entrenador cree que debe saber, hace lo que el entrenador considera que debe hacer. Se inventan cosas para el futbolista

---

43 Lizárraga, C; (2005). *"Ambientes de aprendizaje constructivistas y el sistema Moodle"*. www.cmseducacion.blogspot.com.

y no desde ellos. Se privilegian los atributos del conductismo donde se *"enfatizan los aspectos externos del aprendizaje, así como la conducta observable, en donde se concibe el aprendizaje en términos de cambios conductuales, y el éxito del aprendizaje se centra o está determinado por los controles del estímulo externo"[44]*, donde los procesos internos de los sujetos que se acercan al contenido de aprendizaje no se tienen en cuenta, hecho que se constata fielmente en las situaciones de entrenamiento propuestas por los técnicos responsables de su diseño, y cuyo objetivo estriba en *"especificar claramente cuál es el comportamiento final que se desea implantar e identificar la secuencia de movimiento que el discente debe ejecutar para llegar gradualmente al comportamiento final deseado"[45].*

Así, encumbramos a los jugadores que no miran *"a lados distintos a los que se les induce a mirar"[46]*, en el miedo de que expresen algo que no fue producto del conocimiento de los que los gobernamos.

He tenido la oportunidad, durante los últimos meses, de establecer contactos con técnicos de diferentes clubes españoles, como también he visitado a varios de ellos para conocer sus métodos de trabajo, desde el fútbol base hasta los grupos profesionales. Al ser esa una de mis preocupaciones, incluso me jacto de haber amistado con algunas personas relacionadas con dichas instituciones, he indagado sobre las formas de entender el juego y su pertinente entrenamiento. Sin duda, ha habido sorpresas agradables, aunque he de reconocer que las he buscado adrede, es decir, ya sabía más o menos lo que me iba a encontrar. Apartando esa minoría indicada, los criterios en los que se fundamentan los objetivos y contenidos de entrenamiento, de la gran mayoría de clubes, se parecen de manera sospechosa, lo cual indica que están basados en esas normas generales de las que anteriormente hemos hablado.

---

44 Muria Villa, I; (1994). *"La enseñanza de las estrategias y las habilidades metacogniti-vas"*. Revista Perfiles Educativos, número 65. UNAM. México.
45 Alonso, C, Gallego, D. y Honey, P; (1997). *"Los estilos de aprendizaje"*. Ediciones Mensajero. Bilbao.
46 Millás, J. J; en *"El público lee"* de Canal Sur Televisión. 13 de Enero de 2009.

Preparaciones idénticas, en cuanto a tareas realizadas, información ofrecida durante la misma, obsesión por lo condicional, dan como producto a jugadores que piensan y se expresan equivalentemente. Los contenidos que se presentan apenas guardan relación con la forma específica del jugar de ese club, así como tampoco son presentados en las condiciones que van a aparecer durante la competición. Todo se asienta en la reproducción de jugadas prefabricadas, con una reducida presencia de los elementos formales del juego (espacios, rivales, balón, porterías, reglas,…), en las que las condiciones iniciales no sufren variación alguna durante la ejecución, o por el contrario, partidillos sin ningún criterio que origine la aparición continuada de los aspectos en los que se sustenta el modelo de juego del equipo en cuestión, y donde cada cual hace lo que le viene en gana.

Mi inquietud me lleva a formular una pregunta bien sencilla, ¿por qué si entrenan en las mismas condiciones, ningún equipo juega igual que otro? Lo cual, dicho sea de paso, pone en entredicho la legitimidad de los métodos empleados, y prestigia la opinión de algunos autores que insinúan lo incompletas que resultan las teorías asociacionistas o conductistas.Se van construyendo, o así queremos creerlo, jugadores lineales que evidencian prácticas mecánicas, y que a su vez dan origen a equipos lineales, sistemas determinísticos donde la previsibilidad de los medios que utilizan supera, o al menos no se complementa con esos elementos imprevisibles tan productivos para la resolución o el planteamiento de problemas cuando las dificultades amenazan a las regularidades propias. Cuando una organización es excesivamente determinística, cualquier eventualidad no registrada en el recetario conductual es difícilmente soportada por los jugadores que cumplen las misiones del sistema del que forman parte. La estabilidad se resiente y las soluciones, que no sólo resuelven la circunstancia accidental, sino que llevan la evolución a la organización a través de reconocerla y resolverla, no emergen con facilidad.

Existen muchos equipos que son incapaces de provocar adaptaciones ante la alteración de las condiciones a las que están habituados en exceso. Y no sólo eso, además son conjuntos que eliminaron de su guía comportamental todo procedimiento creativo que se exceda del libreto de su entrenador.

Es reconocido que "*el aprendizaje humano dispone de dos tipos de procesos: procesos cíclicos, reversibles, acumulativos, basados en la repetición y ligados al mantenimiento de la estabilidad, y procesos evolutivos, irreversibles, que producen una reorganización y un incremento de la complejidad*"[47], que además se complementan, aparecen en cada actividad de manera indisociable, que "*ninguna conducta humana compleja podría ejecutarse con eficiencia si alguno de sus componentes no se hallara automatizado como consecuencia del aprendizaje, lo cual permite dedicar recursos cognitivos a lo que hay de nuevo en la tarea*"[48], que existe la necesidad de construir una filosofía de juego a partir de la adquisición de determinados hábitos que la hagan reconocible para todos.

El problema estriba en que el tratamiento de esas necesidades se vuelve a realizar desde parámetros científicos tradicionales, originando consecuencias mutilantes para unos jugadores que pierden el tiempo en largas sesiones de entrenamiento que no respetan su potencial, que desbaratan cualquier conato de autonomía, lo cual produce sujetos irresponsables, funcionarios que van a cumplir el expediente ante entrenadores que están más preocupados porque no se distorsione esa realidad estática y sobreconfigurada, que de abrir caminos y vislumbrar recorridos desde el capital intelectual de los propios jugadores, los que a la postre tendrán que tomar todas y cada una de las decisiones importantes, aquellas que se toman durante el transcurso de los partidos.

Si tan determinante fuese el entrenamiento, sobre todo aquel que descarta los procesos mentales de los que entrenan, que valoran lo cuantitativo, que hacen caso omiso a las relaciones y sus productos emergentes, no habría ejemplos de numerosos equipos que alineando inteligentemente a sus

---

47 Pozo Municio, I; (2002). **"Aprendices y maestros. La nueva cultura del aprendizaje".** Alianza editorial. Madrid.
48 (Ibíd).

jugadores, generando sinergias positivas (incluso a veces esas alineaciones carecen de intencionalidad por parte de los entrenadores), generan una serie de regularidades que son absolutamente reconocibles.

No tratamos, sería nuestra última intención, de restar importancia al trabajo diario de los técnicos de fútbol, pero si es nuestra obligación articular los contenidos del modelo de juego desde las posibilidades de los futbolistas, de sus mezclas más provechosas, y exponerlas, para su toma de conciencia, en condiciones semejantes a como se deberán expresar durante la competición.

A modo de conclusión del presente capítulo, vamos a dejar entreabierta la posibilidad de reflexionar sobre los contenidos expuestos, relacionados con el papel del entrenador y de los jugadores en la construcción de la forma de jugar propia de cada equipo, a través de dos columnas de autoría propia, pertenecientes a la intervención semanal en el periódico La Opinión de Granada, y cuyo espacio es denominado "Encuentros amistosos". Son dos trabajos obrados consecutivamente los días 29 de Noviembre y 06 de Diciembre de 2008, los cuales traslucen en qué momentos vivimos inmersos los entrenadores:

EL ENTRENADOR: ENTRE LA SOSPECHA Y LA VANIDAD (1)

Una vez expuestos en el escaparate y sin tiempo para reconocerse en el ámbito donde tendrán que intervenir, basta con esperar a que desde cualquier punto estratégico le disparen un calificativo a medida, en forma y fondo, claro, de quién lo lanzó.

Puedes formar parte del grupo de los ofensivos, me imagino que insultarán a alguien; los defensivos, se defenderán de las ofensas de los anteriores, no me cabe otra explicación. También pueden alinearte con los ganadores; aquellos que se jactan de qué siempre salen a por la deseada victoria; los perdedores, es decir, aquellos que intencionadamente preparan los medios para ser derrotados; los sargentos, que esconden sus carencias directivas a través de conductas para recordar quién posee el mando. ¡No vayamos a generar dudas! ¡Los jugadores a obedecer! Los permisivos, los de la autogestión, que término más bello cuando se gana, mientras la derrota lo convierte en culpable. Los rapsodas, que blasfeman contra el sistema de creencias y valores, ya que emiten sonidos distintos a los que los demás quieren escuchar, atreviéndose incluso, menudos depravados, a utilizar expresiones alejadas del pseudo-analfabetismo futbolero asumido por todos nosotros. Todo lo que atente contra las certezas debe ser fulminado.

Una vez condecorados, con la asunción absoluta del perfil, cabe recordar, si echamos un vistazo, lo orgullosos que caminamos algunos con el personaje que crearon de nosotros (no soy nadie, pero parezco alguien), comienza la sospecha. Nadie pregunta o intenta conocer tus propósitos, basta con no coincidir con las infinitas alineaciones propuestas por el entorno, no debemos olvidarnos que de fútbol sabemos todos ya que vemos dos y hasta tres partidos semanalmente, menuda peripecia, para recelar de tus conocimientos.

Si se nos ocurre perder, puede ser que estemos pensando en otras cosas, mostramos la desnutrida psique, vemos adversarios por todas partes, escuchamos sus pasos, nos persiguen cual camorristas que deben ajustar cuentas, analizamos cada párrafo, cada palabra, de las crónicas sobre el encuentro y elegimos a los enemigos, que son exactamente los mismos a los que les permitimos que nos endiosen, nos divinicen. Además, simbólicamente somos diana segura, no hay más que ver nuestra orientación durante la manifestación, la puesta en escena, del trabajo semanal. De espaldas a miles de personas, perfectamente cuadrados, si utilizamos el argot taurino, inmóviles, listos para ser fusilados, con la ventaja enemiga de poder seguir perteneciendo al anonimato.

El paso siguiente es la autocrítica desmesurada, eso sí, a lomos de la vanidad. Somos tan inteligentes que creemos saber dónde estaban todos y cada uno de los errores. Controlada la situación, somos dueños de la solución. ¡Qué listos somos!

Pero siempre nos quedará la posibilidad de ser ganadores. ¡Qué suerte la nuestra, contar con esta anestesia temporal! Con semejantes méritos, puedes incluso superar los límites de la persuasión, seducir a los ávidos de recetas a través de lo que se supone que te llevó a tan merecido altar, el sistema 3-4-3, a plagiar por todo bicho viviente, la ingesta del batido dos horas antes del inicio del partido, o cualquier jugada procedente de lo que ahora llamamos nuestro lab, que queda como más actual que laboratorio, más in. Esas acciones son las que mejor nos retratan. Fíjense en la exaltación del ego cuando se produce un gol de estas características. Ya que fuimos los responsables de tan maña obra de arte, no dudamos en ganar visibilidad respecto de la grada, bullimos, gesticulamos, nos abrazamos con más fuerza de la habitual con los demás miembros del cuerpo técnico, perpetuándonos si hace falta, por si algún aficionado tuvo la desfachatez de dirigir su atención sobre el grupo de jugadores que celebran el tanto, o se le ocurrió abrazar a su compañero de butaca contigua. Le damos tiempo a recordarles que estamos aquí. Perdonen la ¿ironía? El sábado próximo les prometo continuar, habrá segunda parte…

EL ENTRENADOR: ENTRE LA SOSPECHA Y LA VANIDAD (2)

El carácter irónico de la columna del pasado sábado, evidentemente, no trataba de señalar a ningún entrenador en concreto. Más bien, en muchos de los casos expuestos, me sentía reconocido en mayor o menor medida. Ya son trece años entrenando de manera consecutiva y, sinceramente, durante ese trayecto yo también me he llegado a sentir cómodo con alguna de las etiquetas mencionadas, sobre todo si ésta era impuesta con el éxito como origen, del mismo modo que me he considerado autor exclusivo de muchas de las hazañas realizadas por los equipos que he ido ¿dirigiendo? Era época, como dice Ismael Serrano en una de sus letras, del "qué suerte haberme conocido". Con el paso de los años se me van cayendo pedacitos de YO, que dejan paso a un pensamiento basado en satisfacer la comprensión de que el fútbol, como la propia vida, es no lineal, repleto de incertidumbre, de complejidad. Que todo lo que acontece no puede ser consecuencia de algo unidimensional, que todo conocimiento es incompleto per se. Y digo esto porque sigo percibiendo que nos consideramos en posesión de verdades dogmaticas, seguimos sucumbiendo a la tentación de lo parcial y unilateral, a las convicciones ancladas y cerradas, en definitiva, eliminamos un "modo de pensar capaz de estar a la altura del desafío de la complejidad" según Edgar Morin. Acostumbramos a empaquetar cualquier manifestación cognoscible y la vamos aplicando allá por dondequiera que tenemos la suerte de entrenar, desterrando aquello de que toda realidad es contextual. Numerosos entrenadores, que achacan el éxito a ese paquete de decisiones que sabiamente adoptaron, se encuentran con problemas importantes en futuros proyectos a pesar de aplicar la misma metodología, las mismas formulas o leyes. Cuerpos técnicos que deciden dar un exceso de importancia a la figura del preparador físico, otro ejemplo contundente de tratamiento parcial de la realidad, como es el caso del Real Madrid, con Walter Di Salvo y su Madrid TEC, y que se encuentran con un número exageradísimo de lesiones. Las famosas dietas de Juande Ramos tan "ganadoras" de Copas de UEFA, acaparadoras de portadas de las más distinguidas publicaciones diarias relacionadas con el deporte, como "perdedoras" en su aventura por la Premier League inglesa. Que contrasentido, deberán pensar.

Pues no. La realidad es así, a veces lógica, otras transgresora, por momentos organizada, en otros azarosa. De ahí la necesidad de una asepsia de los canales perceptivos que nos encarame hacia un marco que acoja la apertura de las mentes y su estimulación hacia el cambio permanente.

Ya que esto es así de imprevisible, dejemos ese peligroso juego de querer tener el control total sobre todas las cosas, la propia naturaleza nos demuestra que es imposible. Centremos nuestros esfuerzos en lo que marca la diferencia en el rendimiento. Reconozcamos que un entrenador no puede ser más que alguien que descubra, respete, haga visibles y potencie las propiedades que emergen de la interacción inteligente entre los miembros de la plantilla. Generemos cultura a partir de esas premisas, de sus deseos asociados, sus inquietudes conciliadas, siempre desde la responsabilidad. Intervengamos a partir de sus procesos mentales, no de sus valores anatómicos y fisiológicos. Vayamos en busca como expresa José Antonio Marina de la "inteligencia social". Hagamos nuestro el objetivo de las entrevistas televisivas de Jesús Quintero, relacionado según sus palabras con "conducir al otro, gentilmente, hacia lo que el otro es". Demos la autoridad a quien le pertenece, a los jugadores de fútbol, construyamos desde sus conductas simbióticas. Huyamos de la notoriedad, dedicándonos, durante las sesiones de entrenamiento, a generar espacios, contextos comunes de significado, donde se estimule la responsabilidad en la toma de decisiones con la cultura que nace y se desarrolla a partir de la sinergia como referente único. En síntesis, tatuémonos en la consciencia las palabras de Punset: "Son los conocimientos que se extraen a partir de las interrelaciones entre los miembros del grupo los que mantienen el proyecto". A partir de ahí y parafraseando a Wagensberg, un deseo a todos mis colegas de profesión: "que la incertidumbre os sea favorable".

CAPÍTULO 2.- APORTACIONES DEL NUEVO PARADIGMA

"Existe complejidad mientras sean inseparables los componentes diferentes que constituyen un todo y haya un tejido interdependiente, interactivo e interretroactivo entre las partes y el todo y el todo y las partes" (Edgar Morin).

"Precisamente la paradoja de nuestros tiempos es la gestión de organizaciones que no son otra cosa que particulares sistemas complejos, que necesariamente interactúan y se adaptan a contextos que no solamente cambian, sino que tiene tasas de evolución altamente dinámicas, y para adaptarse a los cambios deben transformarse internamente. El cambio es paradójicamente la única constante. Y las herramientas conceptuales con las que contamos para su comprensión, son a todas luces insuficientes, incompletas, parciales, reduccionistas" (Jorge P. Sela).

"En el planteamiento sistémico las propiedades de las partes sólo se pueden comprender desde la organización del conjunto, no se concentra en los componentes básicos, sino en los principios esenciales de organización. El pensamiento sistémico es contextual, en contrapartida del analítico. Análisis significa aislar algo para estudiarlo y comprenderlo, mientras que el pensamiento sistémico encuadra ese algo dentro del contexto de un todo superior" (F. Capra).

El fútbol, por su propia estructura y funcionalidad, está caracterizado por una notable imprevisibilidad, donde no tiene cabida la linealidad, es decir, estamos hablando de una práctica donde lo que acontece, en gran medida, tiene un cariz espontáneo. Por tanto, incluye una más que reveladora dosis de complejidad.

Igualmente, un equipo de fútbol es un sistema social complejo que debe sus características a la interretroacción de sus sujetos integrantes, y de estos con su medio ambiente, al resultado emergente de procesos, de la que trasciende una cultura que guiará las conductas de los propios jugadores que la forjaron.

En definitiva, *"estamos ante un juego colectivo en el que hay interacción con el resto, el otro me condiciona y yo condiciono al otro. Entre todos condicionamos al entorno y el entorno nos condiciona a nosotros. Todos somos seres condicionados y al mismo tiempo condicionadores"*[49], lo que nos introduce en una cantidad (infinitamente mayor de las que podemos controlar) y pluralidad de hechos (con una riqueza extraordinaria de formas), de los cuales no podemos realizar predicciones sobre el momento de su aparición, u ofrecer una explicación exacta de lo que originará su revelación. Su diversidad, su dependencia a infinitas variables, y su dinamismo es tal que hacen imposible su comprensión plena.

Si la tentativa de este manual tiene que ver con la de descifrar el juego del F. C. Barcelona, no cabe otra solución que atravesar el viejo paradigma y sus restricciones, traspasar sus barreras, para apoyarnos en otro que nos conceda la posibilidad de recibir mucho mejor las claves de la realidad compleja.

Precisamos de una transformación de nuestras categorías de razonamiento, predisponernos a atender a ese paradigma emergente que *"integra la incertidumbre y que es capaz de concebir la organización. Que es capaz de religar, de contextualizar, de globalizar, pero al mismo tiempo, de reconocer lo singular y lo concreto"*[50]. No debemos afrontar esta tarea equipados únicamente de las conjeturas de la ciencia tradicional, de la obstinación por el control, el pronóstico, la anulación del hombre como fabricante de conocimiento, ya que éste *"sólo puede conocer lo que él mismo produce"*[51]. Requerimos una mentalidad que de valor a la creatividad de los sujetos que componen el sistema.

Debemos pensar en clave relacional, contextual, de correlación entre todo y partes, acentuar que sistema y jugador *"son realidades simultáneas, no*

---

49 Lillo, J. M; (2009). *"Cultura táctica"*. Revista Training Fútbol. número 156. Valladolid.
50 Morin, E; (1998). *"Introducción al pensamiento complejo"*. Gedisa. Barcelona.
51 Von Glasersfeld, E; (1995). *"Despedida de la objetividad"* en *"El ojo del observador. Contribuciones al constructivismo"*. Gedisa. Barcelona.

hay anterioridad de uno o de lo otro. La individualidad – la personalidad – va emergiendo de una tupida red de relaciones; se destaca de ella, no se independiza de ella"[52], voltear el camino del análisis a la síntesis, de lo simple a lo complejo, de los elementos al conjunto, del detalle a la imagen total; por otro que explore ese mismo camino desde el sentido contrario. Disponer de una voluntad que tolere la actitud de apertura hacia lo que de manera irremediable llegará, como excelente oportunidad para promover progreso en la organización, incluir nuevos elementos conductuales, multiplicar los recursos, rebajar la previsibilidad del juego, agigantar la idea.

Lo caótico debe ser un elemento persuasivo para la inteligencia, el desorden un manantial infinito de recursos, la emergencia, recogida de la interacción de todas estas variables inquietantes, hay que considerarla como un factor que introducirá orden cualitativo siempre y cuando sepamos reconocerlo, siempre que el propio sistema esté capacitado para adaptarlo a su organización, a su funcionamiento. La dinámica interna de la organización será la encargada de traducir en directrices congruentes toda esa información que provocan las relaciones con el entorno. Tal es así, que el desarrollo del sistema guarda relación con el aumento de su complejidad.

Cuestionar las lógicas inexorables, ir más allá de lo inmutable, para centuplicar las evidencias, y así poder enriquecer el patrimonio de los equipos de fútbol, de sus jugadores. Trazar un itinerario donde dialoguen todos los conceptos que separaron para enfrentar: defensa y ataque, orden y talento, técnica y táctica, etc, para volver a situarlos como conceptos inseparables y constituyentes de una misma entidad.

Recuperar la información que omitió el arcaico paradigma cartesiano, sacrificada a través de su ánimo por desligar, por separar, por intentar hacernos ver que todo puede ser deducido de manera segura si lo analizamos a partir de la desintegración, de su parcelación.

Dirigir la atención hacia la actividad que organiza el modelo de acción

52   Marina, J. A; (2006). "Aprender a convivir". Ariel. Barcelona.

de los equipos de fútbol, hacia su *"patrón de organización"*, es decir, *"la configuración de las relaciones entre sus componentes"*[53], que nos insinuará el tipo de orden, que se originará a partir de las mismas, o sea, sus propiedades esenciales. Es, precisamente, ese tejido de relaciones lo que nos permite concebir las características de la organización, y sólo a partir de ahí podremos adentrarnos a intimar con las partes, distinguiéndolas pero sin desconectarlas de la totalidad.

Esta nueva forma de pensar, denuncia la superficialidad de *"perseguir el conocimiento de lo simple en sí, del ser en sí, porque es lo compuesto y la relación quienes suscitan las propiedades, es la atribución la que esclarece el atributo"*[54], instándonos también a ir más allá de lo disciplinar e interdisciplinar, para posicionarnos en un espacio transdisciplinar, evitando que cobren fuerza aquellos doctos que se introducen en el mundo del fútbol para parcelar aún más su lógica, que no se doctoraron en el contexto del propio juego, que conciben al futbolista como una suma de estructuras independientes entre sí. Otorgar territorio a especialistas que se hayan formado de manera holística, que sepan distinguir esas estructuras sin separarlas de su unidad, ya que *"precisamente allí donde todo se pretende separado no hay posibilidad de argumentar"*[55].

No se trata de reemplazar las creencias tradicionales por otras más innovadoras, ya que este ejercicio nos trasladaría a dogmatizar de igual manera, se trata de considerarlos tal y como son, elementos de un mismo universo. La naturaleza expresa el determinismo y lo contingente adscrito al mismo proceso. Así que solicitamos una preparación para tratar la irregularidad, no expelerla.

Espero hayan zarandeado sus prejuicios, hayan recubierto sus neuronas de holismo, se hayan blindado contra las convicciones ancladas, aferradas

53 Capra, F; (1998). "La trama de la vida". Anagrama. Barcelona.
54 Roger Ciurana, E; (2000). "Complejidad: elementos para una definición" en pensamientocomlejo.com.ar.
55 (Ibíd).

al equilibrio permanente, hayan decidido peregrinar por la duda, la fluctuación, y estén preparados para aprovechar las alternativas. Recuerden que estamos en el mundo de la probabilidad, así que extirpen de su interior las teorías que le aseguren quietud. Si no lo hace, se manejará por esta vida con un sinfín de posibilidades enclaustradas, silenciadas.

2.1.- MÁS ALLÁ DE LAS PARTES. EL TODO EMERGENTE.

"La teoría de sistemas busca explicitar los aspectos de unidad que caracterizan un cierto sistema organizado de constituyentes y que no pueden resultar de la simple consideración fragmentada de tales constituyentes. Su unidad está regida por relaciones funcionales internas, las cuales traen consigo que el sistema despliega determinadas funciones, en las cuales se puede hacer consistir su objetivo global. La comprensión de tales funciones no es posible considerando únicamente las propiedades de sus constituyentes por separado, sino que resulta precisamente de su sinergia organizada: en tal sentido el sistema goza de nuevas propiedades, emergentes respecto a las de sus elementos constituyentes, y no es reducible a una simple suma de estas" (Agazzi, Evandro en "El bien, el mal y la ciencia").

"No podemos desmontar un piano para ver el sonido que produce" (O´Connor, J. y McDermott, I.).

De igual forma que el alegato vetusto nos inculca la ansiedad por separar los elementos, las partes de un conjunto para discernirlo, el paradigma de la complejidad nos pone al corriente de la imposibilidad de conocer el todo a partir de concebir las partes desarticuladas. Es más, se percata de que *"la fragmentación de las partes de un sistema implica no sólo la separación de estas, sino la anulación de sus propiedades"*[56], que las piezas y sus peculiaridades son interdependientes de la totalidad. Un conjunto que

---

56 Tamarit, X; (2007). **"¿Qué es la periodización táctica?** MCSports. Pontevedra.

se va reajustando a través del dinamismo relacional de las mismas y que proporciona a las partes propiedades que éstas antes no poseían.

Precisamos una reorientación hacia la calidad de las relaciones para entender la organización de un sistema, a ese material proyectado que conforma la identidad del modelo, ya que *"cuando se descubren los patrones que conectan las partes y no sólo las partes se descubre un hecho singular"*[57].

Según el diccionario en línea Wikipedia, *"un sistema complejo tiene más información que la que da cada parte independiente"*, así que la verdadera dimensión de los elementos la da el conocimiento de lo que producen al interactuar.

La fluctuación entre procesos regulares y accidentales, inherentes al juego del fútbol, es tan patente, que hace que la capacidad de colaboración sea ilimitada, lo que continuamente hará que se generen emergencias novedosas resultantes de nuevas y creativas formas de interactuar. Lo global es susceptible al cambio por la incertidumbre que recoge de su entorno, así que cualquier decisión particular, local, puede afectar al funcionamiento total del equipo. Esta es otra prueba más de que todo está supeditado a lo colectivo, que es inevitable conocer el material emergente para conjeturar sobre quiénes son los que lo producen y sobre el cómo lo producen. El diálogo entre el todo y las partes debe producirse a partir del conocimiento de la totalidad.

Exponía Guardiola, a la finalización del partido de ida de octavos de final de Champions League, que *"cuando llega el balón a Benzema es porque hay cosas que no están bien ajustadas"* en clara alusión a la participación del delantero francés y el conflicto que irradió sobre la portería azulgrana. Estas declaraciones indican el hecho de que las acciones de los jugadores deben tener en cuenta el funcionamiento general, no pudiendo estar disociadas

---

57 O`Connor, J. y McDermott, I; (1998). ***"Introducción al pensamiento sistémico"***. Urano. Barcelona.

entre sí. Las conclusiones más divulgadas, achacaban el protagonismo de Benzema al erróneo ajuste entre los centrales para impedir la eficacia de sus acciones. Sin embargo, el problema era mucho más complejo y alcanzaba a la actividad general del grupo, además de a la imposibilidad de desintegrar ataque y defensa. Para el técnico catalán, su equipo no *"había estado ajustado, había estado muy separado, dejando pasillos interiores"*, sustentando su razonamiento en procesos y no en acciones concretas. Quería decir que el problema era de origen integral. La precipitación por generar ocasiones de gol (se perdía el balón sin estar el grupo unido), condicionaba la presión del bloque alto una vez perdida la posesión del balón, lo que a su vez limitaba temporalmente a los de atrás para juntarse a los de delante. En tales circunstancias, se hacía dificultoso minimizar los espacios de intervención a los delanteros galos.

En este sentido, el de privilegiar la totalidad, también son aclaratorios los mensajes de Messi, *"el equipo me ha hecho bueno"*[58] y Xavi Hernández, *"sé que he jugado bien porque el equipo ha jugado bien"*[59], y que acentúan que para distinguir el funcionamiento de un sistema y apreciar avistar cuáles son sus propiedades, debemos observarlo como un todo, que para saber el valor de un jugador, debemos estudiarlo dentro de esa estructura, ya que esta le dispensa propiedades que no tiene separado de su entorno relacional. Precisamente Guardiola mantiene la cordura, respecto a los medios de comunicación, cuando se le pregunta sobre si Messi es, o no es, el mejor jugador del momento, defendiendo que *"si es el mejor o no del mundo, es un debate vuestro. Yo aquí no entro. Yo no entiendo al jugador como sí sólo, intento verlo dentro de un contexto general y del equipo. Yo intento que el equipo ayude a ser mejor a Messi, y que él haga mejor al equipo. Lo intento con él y con todos"*[60]. Demostración más que indicativa de la interdependencia de jugador y juego.

---

58 Leo Messi en el diario El Mundo Deportivo, el 17 de Enero de 2009.
59 Xavi Hernández en diario El País, el 01 de Julio de 2008.
60 Guardiola en Diario Sport, el 11 de Enero de 2009.

Por tanto, únicamente inquiriendo los principios de organización de una estructura, se puede comprender el modelo de acción de un equipo.

Como muestra, podemos hablar del caso de Cáceres, central del F. C. Barcelona, y su rendimiento durante los primeros meses como jugador blaugrana. Realizando una comparativa analítica, las diferencias técnicas, físicas, psicológicas, etc, entre Cáceres y Puyol no resultan significativas. Si esto es así, ¿por qué Puyol posee la habilidad de encontrar al hombre libre de oposición cuando avanza con el balón?, ¿por qué Cáceres tiene mayores problemas para hacer las mismas cosas, si sus cualidades, divisadas sin tener en consideración a los demás, son similares?

Estimamos, que la desigualdad deriva de que el primero entiende en qué momento está la circulación de balón, el orden subyacente de la misma, y conoce dónde están las referencias posicionales. Está familiarizado con el patrón de organización que caracteriza el juego de su equipo, algo que su compañero aún debe identificar e interiorizar.

Del mismo modo, se destaca la adaptación de futbolistas como Piqué o Busquets al juego de su equipo. Esa desenvoltura para facilitar las acciones de sus colegas, esa capacidad para resolver situaciones, tiene, en un alto porcentaje, su procedencia en un reconocimiento importante de los rasgos estables del fútbol del Barça, entre otras cosas, porque ellos mismos fueron parte activa en su confección.

EL JUEGO COMO REALIDAD INDIVISIBLE

"Muchas veces, cuando intentamos ordenar las <<partes>> lo hacemos de tal forma que perdemos sistemáticamente de vista el juego (<<el jugar>>) y entonces entrenamos la defensa, el ataque y las transiciones, pero no entrenamos su ligazón, el nexo entre todo eso" (Nuno Amieiro).

Todo el mundo alaba el intento de recuperación del balón, tan inmediato a la pérdida del mismo, del Barcelona. Muchos son los que aseguran que ahí radica gran parte de su éxito, que la predisposición a volver a poseer la pelota es máxima en jugadores poco habituados en sus clubes anteriores a realizarlo.

Todo eso no deja de ser cierto, pero si profundizamos en su examen, si perforamos la superficialidad, vemos un hecho que nos conduce a la inseparabilidad de las fases del juego, a la contemplación del juego como entidad indisociable.

La elaboración del fútbol del Barça es tan ordenada en sus formas, tan complaciente con las condiciones de sus jugadores, que consigue saber en qué zonas y en qué condiciones pueden sustraerle el balón. Casi siempre en campo contrario, exactamente donde se agrupa, donde aglutina un mayor número de jugadores. Por eso dilatan la jugada, para hermanar complicidades. De ese modo, para no romper la armonía, saben que en esos espacios, donde ya están, será más factible la recuperación del balón. Incomodan los momentos iniciales de construcción de situaciones de ataque al equipo rival, no dándoles tiempo a que ocupen espacios apropiados para ello. Para esto, previamente acumularon a casi todos los efectivos adversarios en zonas cercanas a su propia área. Así que si le reducen el tiempo para reorganizarse espacialmente, restringen también sus posibilidades. Nada más natural para no considerar ataque y defensa de manera desligada.

Guillerme Oliveira aclara al respecto que, *"nosotros defendemos de determinada forma para atacar de determinada forma, y atacamos de una cierta manera porque somos capaces de defender de una forma compatible. Los aspectos defensivos siempre tienen que estar relacionados con los aspectos ofensivos, sino jamás conseguiremos un juego de calidad"*[61].

Fruto de la mentalidad fraccionadora, hay quienes califican de muy arriesgada la propuesta del club barcelonés. Aprecian excesivo compromiso el incorporar a tantos jugadores a las inmediaciones de la portería contraria. Sin embargo, desde nuestro punto de vista y analizando la seguridad con la que conservan el balón al progresar, sostenemos que la incorporación de cada jugador trae consigo unidades que repliegan en el conjunto opositor. De ese modo, se consigue que, ante la posibilidad de pérdida de balón, el equipo contrincante no va disponer de jugadores por delante del balón que representen un riesgo potencial de contraataque.

Observen en la imagen de la figura 2, como los jugadores culés someten a una desorganización importante a los rivales mientras atacan, coartándoles para futuras acciones en ataque. En caso de recuperación del balón, el conjunto opositor no encontraría posibilidades poder construir acciones de ataque con eficiencia, ni por contar con jugadores por delante del balón, ni por encontrarse en una situación espacial conveniente.

Veamos, seguidamente, como las intervenciones de jugadores considerados exclusivamente atacantes también ayudan a que el juego no se desligue, a pesar de que éstos no se prodiguen en esfuerzos físicos colosales, ni en persecuciones intensas. Lo hacen mientras atacan, haciendo lo que mejor saben hacer.

Por ejemplo, cuando Henry, Iniesta o Messi, los tres jugadores que más participación tienen en el puesto de extremo, reciben el balón, el sistema de ayudas defensivas, básicamente procedentes de los centrocampistas, conscientes de la habilidad para salir del regate y lanzar a portería,

---

61 En Amieiro, N; (2007). ***"Defensa en zona en fútbol"***. MC Sports. Pontevedra.

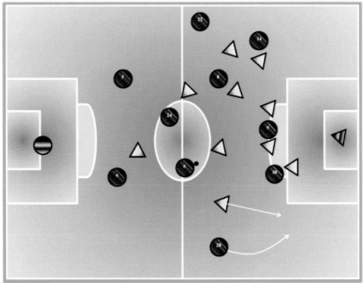

Figura 2. La presencia de jugadores incorporados a cercanías del área contraria, subordina organización del rival

delineadas para que no dispongan de oportunidades para desbordar, acumula competidores alrededor del portador del balón. Dichos jugadores van a tener complicada su actuación inmediata en caso de que tenga éxito

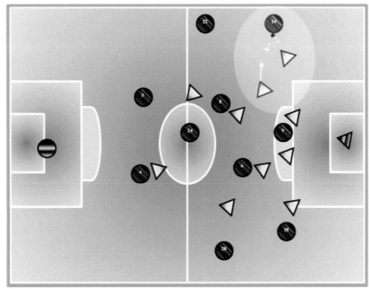

Figura 3

su comportamiento solidario, es decir, los extremos están subordinando nuevamente los posteriores procesos de ataque de los adversarios, facilitando así la labor defensiva próxima de su propio equipo (Figura 3).

Son algunos apuntes que dilucidan que la dicotomía ataque – defensa pertenece a una evidente ilusión por aprehenderlo todo a partir de fraccionarlo. La realidad nos muestra que la forma de proceder en ataque está ligada a la forma de defender. Podríamos decir: dime cómo atacas y te diré como defiendes, o viceversa, dime cómo defiendes y mostrarás tus posibilidades para atacar.

EL JUGADOR COMO UNIDAD FUNCIONAL

"Tomemos como ejemplo al hombre. El hombre es un ser evidentemente bio-lógico. Es, al mismo tiempo, un ser evidentemente cultural, meta-biológico y que vive en un universo de lenguaje, de ideas y de conciencia. Pero, a esas dos realidades, la realidad biológica y la realidad cultural, el paradigma de simplificación nos obliga ya sea a desunirlas, ya sea reducir la más compleja a la menos compleja. Vamos entonces a estudiar al hombre biológico en el departamento de biología, como un ser anatómico, fisiológico, etc., y vamos a estudiar al hombre cultural en los departamentos de ciencias humanas y socia-les. Vamos a estudiar al cerebro como órgano biológico, y vamos a estudiar al espíritu, the mind, como función o realidad psicológica. Olvidamos que uno no existe sin el otro; más aún, que uno es, al mismo tiempo, el otro, si bien son tratados con términos y conceptos diferentes" (Edgar Morín).

"Toda frontera real es difusa. Toda frontera inventada es nítida" (J. Wagens-berg).

La ciencia encasillada, nos presentaba al ser humano como la suma de diferentes estructuras que podían ser visionadas como apartados estanco.

El jugador de fútbol es una parte de un todo mayor, tal y como hemos podido comprobar en párrafos anteriores, pero a su vez es un todo en sí mismo, es un sistema per se. Ninguna de sus manifestaciones, deja fuera alguna de dichas estructuras, principalmente porque se trata de una misma unidad funcional.

Hasta en la conducta menos compleja, el futbolista moviliza el todo que representa. Las estructuras no se pueden activar de manera sectorial, ya que ese hecho nos conduciría a entender al sujeto como un ente mecanizado, compuesto por piezas.

El jugador es en esencia un sistema que no puede dividirse, ya que el análisis de cada sección nos transmitiría información artificial e ilegítima, lo que entorpecería la labor de un conocimiento aproximado de cada uno de ellos. Digo aproximado, puesto que el conocimiento total es quimérico, ya que, no borremos de la memoria, el hombre está en constante evolución fruto de su contacto con innumerables estímulos que reconstruyen permanentemente su personalidad.

Para juzgar al futbolista no podemos despedazarlo en porciones física, técnica o psicológica, su evaluación debe someterse a una pregunta, ¿sabe jugar al fútbol?, esa es la totalidad que debemos respetar. No podemos conceptuar a los individuos por el nivel de ejecución de un pase o un desmarque, por su resistencia, por su potencia o por su sentido táctico para ofrecer siempre la cobertura oportuna. Son más, son el juego en sí.

Vean la siguiente imagen. En la misma se observa la aplicación conjunta de la intención táctica "desposeer del balón al oponente". De manera sincrónica, dos jugadores, Messi y Busquets, intentan la recuperación del balón a través del 2x1 Defensivo (medio grupal). Podemos percibir que ambos compañeros solicitan todas las sub-estructuras que conforman su sistema global. A nivel condicional, hay una implicación, entre otras, de factores de fuerza, por ejemplo, para mantener equilibrados los apoyos en el suelo y evitar inestabilidades que impidan pugnar con el atacante. Si enfocamos a la estructura coordinativa, además de controlar el propio cuerpo, los jugadores deben ajustar sus conductas temporal y espacialmente. A nivel mental, existe una actividad relacionada a entrever las posibilidades que tiene el portador del balón para salir airoso de la situación para corresponderlas con sus propias posibilidades de éxito (recuperar el móvil). Ya es un hecho creativo en sí, rebajar los recursos del oponente para relacionarse con el juego, lo cual implica que a nivel emotivo, existe la voluntad de quitar el balón al que lo tiene. Resulta fehaciente que es un acontecimiento social y afectivo, de responsabilidad compartida, el acuerdo entre dos compañeros en pos de hurtar la pelota al contrincante.

LA PRIORIDAD ES EL JUEGO Y LAS POSIBILIDADES DEL JUGADOR EN ÉL

"Corréis demasiado, les dijo Guardiola. Si Keita juega donde debe, basta con desplazamientos de 20 metros para pisar área o realizar apoyos defensivos al medio centro y al lateral. 20 metros es suficiente. Y a Touré, tres cuartos de lo mismo: 20 metros atrás y se incrusta entre los centrales, 20 hacia delante y pisa el balcón del área, y a izquierda o a derecha, cubre las espaldas de los laterales" (Tito Vilanova).

"La manifestación regular de la organización de juego del equipo es el gran indicador de la forma deportiva" (José Mourinho).

No se trata de correr más, de hacerlo a mayor velocidad, de ser más vigoroso o de tener una enorme destreza para el juego de cabeza. Sencillamente, de lo que se trata es de intervenir en concordancia con los que te circundan, de establecer combinaciones precisas. Para Xabi Alonso *"llegar más rápido al área no significa jugar mejor. Jugar mejor es llegar de la mejor manera"*[62], mientras nosotros hemos recurrido a elementos tan distantes del fútbol como los paracaídas para mejorar no sé qué capacidad. O esa moda de hacer acelerar a los jugadores y detenerlos para extraer una gota de su sangre.

Decía Menotti[63] que *"lo importante de un futbolista no es la preparación física, sino que aprenda a jugar al fútbol. Nadie juega mejor al fútbol porque sea mejor físicamente"*, algo que parece no hemos deducido los entrenadores contemporáneos. Hoy más que nunca, empeñados en no privarnos de nuestros refugios de certitud, ahuyentamos toda referencia que no declare verdad irrecusable, declinamos cualquier inducción hacia la duda, y abrimos de par en par los canales perceptivos a quienes nos ofrecen explicaciones creíbles e inmutables. De nuevo, el protagonismo de los especialistas entre en escena.

---

62 Entrevista en Diario El País. 25 de Febrero de 2009.
63 Menotti, C. L; (2005). ***"Conferencia en el II Congreso Internacional de Fútbol de O Grove"***. Pontevedra.

Se recurre a las capacidades por separado para ofrecer una explicación sobre el rendimiento de los jugadores. Con los axiomas tipo "le falta ritmo", "nos costó entrar en el partido", "no fuimos capaces de dar tres pases seguidos", o "acabó el partido más fresco que los demás", extenuamos todos nuestros recursos evaluativos.

Si no, mejor reunirnos con el cuerpo técnico al completo para escuchar las opiniones de cada uno de ellos, pretendiendo, en su exposición, imponerse la medalla del mérito a la labor de "su parte", o, por el contrario, desviar responsabilidades a las "demás partes". En contadas ocasiones, la deducción del problema adquiere tintes globales, y casi nunca está el juego por medio. Los entrenadores, nos conformamos con salir de esas reuniones con la seguridad reconstituida.

Lo de que cada parte debe contener el todo, debe ser aplicado al cuerpo técnico, sabiendo que el todo es el juego, que *la parcela que da sentido a las estructuras condicionales y coordinativas es la forma en la que haces las cosas, y la forma de hacer las cosas es la táctica*[64]. Este es un deporte de naturaleza táctica, en el que incesantemente hay que tomar decisiones, en el que se incorporan constantes variables que hay que estimar para que nuestros actos sean eficaces, den sentido a la práctica.

Así pues, carece de sentido pretender la obtención de pericia mental si privilegiamos otros aspectos por encima del juego que plasma el equipo, y la contribución de todos los jugadores en y para el mismo.

Ahora bien, si lo que vamos a enfatizar es la distancia kilométrica completada, si la estima de un futbolista es calculada en función de su derroche físico, nada mejor que correr para todas partes para no quedar en mal lugar. He dirigido a jugadores que pasaban la sesión de entrenamiento ojeando el pulsómetro para garantizarse de que sus pulsaciones estaban en el umbral aconsejado. No tomaron buenas decisiones, no resolvieron con acierto las

---

64 Lillo J. M; (2007). *"Conversación sobre fútbol"*. Training Fútbol número 135. Valladolid.

situaciones de juego, pero su reloj parecía indicarles que su entrenamiento había sido provechoso.

Las estadísticas, por ejemplo, hablan de pases completados. Si se toma como pase acertado aquel que no corta en su trayectoria un oponente, estamos en posesión de afirmar que Abidal se acerca al nivel relacional de Iniesta. Por ello, habría que conocer cuál es el mejor pase, aunque para eso habría simultáneamente que comprender el juego. "Mejor" implica un paralelismo con lo cualitativo. Así, los mejores pasadores entienden que el pase más fácil y evidente no siempre es el mejor, porque esa evidencia es para todos, incluidos los rivales. Cuál es el mejor pase, lo indican las circunstancias concretas de cada acción, y está sujeto a interrogantes como la zona del campo, la distribución de los compañeros, de los adversarios, el nivel y la forma de oposición, y un largo etcétera.

El actual entrenador del F. C. Barcelona, resumía así el mal juego de su equipo durante la primera parte de un encuentro frente al Real Madrid[65]: *"Quisimos correr más que la pelota y estuvimos sobreexcitados. Quisimos ganar al tiempo y eso no es posible"*. En la misma línea, Pellegrini, técnico del Villarreal, contestaba a la pregunta de ¿por qué su equipo termina tan bien las temporadas?, con esta elocuencia: *"está relacionado con los entrenamientos. Nos entrenamos con la dinámica del juego. Si no, toda tu capacidad física estás desarrollándola contra el balón y siempre te va a ganar"*[66].

Tal y como refuta Lillo[67] *"el fundamento del juego es el jugador, y la capacidad que tenga para organizarse él y para ser organizador con el resto"*, algo que descubre que el tratamiento de los problemas nunca se deben efectuar desde proyectos parciales, ya que *"contrariamente a la opinión común en el día de hoy, el desarrollo de aptitudes generales permite*

65 Pep Guardiola en rueda de prensa a la finalización del clásico Barcelona – Real Madrid, disputado el 13 de Diciembre de 2008.
66 Entrevista en Diario El País del 25 de Febrero de 2009.
67 Lillo J. M; (2007). "Conversación sobre fútbol". Training Fútbol número 135. Valladolid.

un mejor desarrollo de competencias particulares o especializadas. Cuanto más poderosa es la inteligencia general, más grande es la facultad de tratar los problemas particulares"[68].

No deben apreciar estos mensajes como un asalto a los diferentes especialistas, que cultivan su saber en los diferentes cuerpos técnicos de los distintos equipos, aunque algunos llegan incluso a conquistar el poder decisional. No contradecimos la disciplinariedad, simplemente la relativizamos. Sirva como muestra que en mi caso, y durante estas dos últimas temporadas, hemos trabajado seis personas a diario para optimizar el rendimiento de "nuestro jugar". Opinamos que *"las disciplinas están plenamente justificadas intelectualmente a condición de que guarden un campo de visión que reconozca y conciba la existencia de conexiones y de solidaridades. Es más, sólo son plenamente justificadas si no ocultan las realidades globales"*[69].

Es manifiesto, que la "realidad global" tiene su raíz en lo que hacen los que juegan y lo que provoca sus conductas (estilo de juego).

Entonces, si el modelo de juego está cimentado en base a las capacidades de interacción de los futbolistas, si debe respetar aquello que mejor saben hacer, ¿cómo podemos escuchar, de la boca de técnicos, periodistas y aficionados, después de varias jornadas de competición, que la preparación física de algún conjunto no es buena? La actividad condicional, ¿no está implícita en la forma de jugar?, ¿no será que la configuración interactiva está basada en criterios que poco o nada tienen que ver con la misma?, ¿será que presidimos una mentalidad persuadida por lo accesorio ante la dificultad de extraer deducciones de la complejidad?, ¿será que sentimos un afecto prominente por aquello que ya está levantado como verdad, porque la quintaesencia de este juego y su comprensión debilita nuestra sabiduría?

---

68 Morín, E; (2000). "La mente bien ordenada". Seix Barral. Barcelona.
69 (Ibíd).

¿Será que nos hemos dejado engatusar por algunos expertos, fascinar por sus mediciones minuciosas, llenando así el hueco que debemos cubrir de dudas?

Interroguemos al fútbol, exploremos sin sesgar, mostremos acuerdo con la riqueza que nos brinda el ser aprendices, no extirpemos variables para abultar la pretensión de parecer ilustrado, no imputemos a cuestiones adicionales los desaciertos fundamentales.

INTERACCIÓN Y FUNCIONAMIENTO

"Sinceramente, a mí me da y me quita el equipo. Mi juego necesita socios. No soy nadie si uno no me tira el desmarque, el otro no se me ofrece en corto… Sin compañeros mi fútbol no tiene sentido" (Xavi Hernández).

En el itinerario, marcado para indagar sobre las diferentes formas de sentir el juego y el entrenamiento, una de las paradas obligatorias era San Sebastián y su Real Sociedad. Siempre he tenido el convencimiento que detrás de las palabras biensonantes de Juanma Lillo se escondían ideas extraordinarias. Es un fluir de juicios chocantes en la fijeza simplista que envuelve a este espectáculo. Ese ideario, su avenencia con la variedad, la forma en que se expresan esas intuiciones diariamente, en las sesiones de entrenamiento de cada jornada, reveló lo que para mí ya era una realidad, a pesar de no haberlo presenciado directamente hasta ese momento.

Una noche, en Donostia, fui invitado a un concierto de Jazz en uno de esos locales que parecen estar hechos para esta serie de acontecimientos relacionados con la expresión artística del ser humano, el Altxerri.

Cuando el recital llevaba diez minutos escasos, se me ocurrió hacer una "pregunta-afirmación" sobre el acontecimiento. Dije a un estudiante de música: ¡es bueno el batería, eh!, ya que, sinceramente, era el instrumento que atrapaba más mi atención.

La respuesta, además de rotunda, fue obvia: "Yo no escucho la batería, ni el saxo, ni el piano,…, escucho Jazz". Tal aserción, descubrió mis temidas suspicacias, las de que estamos moralizados por la esencia reductora, separatista, que, por supuesto, allí había una serie de utensilios musicales, que cumplían una determinada función a través de su acción, pero que por sí mismos eran incapaces de hacer Jazz. Ese ritmo, esa melodía envolvente, solo podía registrarse cuando todos ellos llegaban a un consenso relacional. Resultaban de la organización.

Es oportuno, interesarse por los relaciones, no entender al jugador como un hacedor de acciones que aporta su actividad a partes del juego, sino que su tributación es al juego en sí. El problema, es que estamos habituándonos, como técnicos, a adjudicar funciones para intentar justificar el funcionamiento de los equipos. Si encima todo lo vemos disociado, he ahí la confusión de dar una explicación medianamente coherente de la organización de algunos grupos. Se debe voltear la situación, para ir del funcionamiento a la función, ya que, de no ser así, estamos ante un montón de sujetos, nunca ante un equipo.

Puede aclararnos Rolando García en la siguiente confesión: *"llamaremos funcionamiento del sistema al conjunto de actividades del sistema como totalidad organizada. El término función queda así reservado para designar la acción que ejerce un subsistema sobre el funcionamiento del sistema total. La articulación entre función y funcionamiento implica una interacción dialéctica entre el sistema y sus subsistemas"*[70].

Concretemos, por medio de un caso acaecido con motivo de la última Eurocopa de selecciones nacionales. Durante la fase de clasificación, la participación de Albelda, centrocampista del Valencia, era máxima, se consideraba un fijo para la disputa de dicha competición. Perdió la titularidad en su club, llegando a estar, incluso, apartado del mismo. Ese acontecimiento, impulsó al seleccionador a reclamar a otro jugador que cumpliese con la función

---

70 García, R; (2006). "Sistemas Complejos. Conceptos, método y fundamentación epistemológica de la investigación interdisciplinaria. Gedisa. Barcelona.

del valencianista. Se eligió a Marcos Senna, futbolista del Villarreal.

Ambos jugadores tienen un espacio de intervención similar, así que supuestamente iban a cumplir con idéntico cometido, el de salvaguardar el teórico desequilibrio que acarreaba la alineación conjunta de los Silva, Cesc, Iniesta, Xavi, Villa o Torres, esa amalgama de lucidez que nos divulga la médula de este juego.

La diferencia no se atisbaba si la concepción era mecanicista. No obstante, el contraste radica en que Senna no inyecta controversia a ese racimo de clarividencia, mientras que Albelda tiene un perfil más distante a los mismos.

Al final del campeonato, todos creyeron que Senna era ese punto de equilibrio necesario para poder disponer juntos a todos los demás. Nosotros, más bien pensamos que su quehacer estaba muy amistado con el de los "otros", o sea, que su función, sus acciones, nacían de la interacción, del funcionamiento. El centrocampista del Villarreal es uno más, porque acrecienta sus capacidades y las de los demás al interactuar ellos.

No se trata de comparar a jugadores, más bien la finalidad se asienta en cotejar la contribución de cada elemento al funcionamiento del sistema y viceversa. Con unos somos más que con otros. No podemos cegarnos con las acciones de los jugadores, cotizadas desde la competencia motriz, desde la maestría ejecutiva, sino computar en qué proporción desentona o se armoniza en la gramática de juego del equipo al que pertenecen.

2.2.- EL VALOR CONTEXTUAL

*"Convertido ya en el lateral más completo de la Liga, el brasileño Dani Álves disfruta de un excelente momento en un equipo, el Barcelona, que **parece diseñado a medida para su juego**. Nunca lo dudé, sólo quería venir al Barça porque es el equipo perfecto para mí"* (Introducción a una entrevista de Álves para la agencia EFE, recogida del Diario Sport el 29 de Enero de 2009).

Fabio Cannavaro, ganador del Balón de Oro del año 2006, y vencedor, con la selección italiana, del mundial de Alemania esa misma temporada, expresa su potencial de manera más significativa en el fútbol italiano, fruto de las posibilidades que ocasiona su interacción con el resto de intervinientes. Si la organización defensiva de la *azzurra*, persigue como objetivo el acumular efectivos detrás del balón, los espacios a controlar se restringen, además de que la ayuda aparece de manera inmediata, es decir, la cooperación está muy facilitada. Por otra parte, la elaboración de juego es mucho más simple, su participación se reduce a relacionarse bien con contiguos, sin tener que rebasar líneas de fuerza, o hacerlo con los más alejados, que transitan, en casi todas las ocasiones, aislados de la mayoría.

En ese contexto, su figura se solemniza, hasta el punto de hacerlo merecedor de la distinción como mejor jugador del mundo.

No obstante, en la organización del Real Madrid la cosa cambia, ya que las condiciones de interacción son diametralmente opuestas. Tener que participar en la construcción de situaciones de ataque atendiendo a los cercanos, tener que desactivar muros de contención, eliminar adversarios, sin que el balón se pueda convertir en un obsequio para el contrario; soportar continuados 1x1 ante jugadores más hábiles, en espacios amplios y novedosos para él, nos ha enseñado a un jugador diferente al que ganó el Balón de Oro.

Acostumbramos a desestimar el valor contextual al hablar de futbolistas, cuando en realidad el qué hacemos es inseparable del con quién y dónde lo hacemos. Cada vez más, las incorporaciones se llevan a cabo buscando un interés mercantil, sacudiendo, de entre los factores tenidos en cuenta para su fichaje, el entorno donde se deberá desenvolver el jugador en cuestión.

Una prueba evidente de integración inteligente, la representa el fichaje de Fernando Torres por el Liverpool F. C. inglés. Un equipo que se agrupa en campo propio, que rehúsa el abandono de espacios detrás de los últimos defensores, que intenta jugar, a partir de la recuperación de manera directa y al espacio, resulta ser un contexto espléndido para el delantero madrileño.

En una de sus contraportadas en diario Marca tituladas "Al principio fue el balón", Jorge Valdano escribía sobre el tema de debate de aquella semana, la influencia de Messi y Robben para el juego de sus equipos, como pretexto para mostrar la rentabilidad de cada uno de ellos:

> "ESTADÍSTICAS SIN PENSAR. Lo dicen las estadísticas: el Madrid le debe más a Robben que el Barça a Messi. Se intenta justificar esa diferencia de eficacia asignándole más capacidad desequilibrante que a Messi. Un análisis con mal enfoque. No se puede hablar de individuos sin tomar en consideración el ámbito en el que se mueven"[71].

Concordamos con la opinión de que existen jugadores que acondicionan soberanamente las características contextuales, que determinan su especificidad, algo que más detalladamente expondremos en el siguiente capítulo al hacer referencia a los principios regidores del paradigma de la complejidad y su presencia en el fútbol, concretamente el de la diferenciación. Sin Xavi e Iniesta, hablaríamos de otro estilo en can Barça, sin Pirlo, las pertenencias de los Kaká, Seedorf y compañía serían menos populares.

---

71 Valdano, J; (2009). *"Al principio fue el balón"*. Diario Marca del día 07 de Febrero de 2009.

Pero igualmente opacas se mantendrían las aptitudes de los primeros sin la existencia de los entornos donde pueden ser ellos mismos.

En definitiva, las personas dependen ampliamente del escenario donde están incrustadas, que las condiciones del medio le dan el alcance a nuestros actos, así que nosotros podemos tener una magnitud u otra en función de la atmósfera que nos recubra.

2.3 COMPLEMENTARIEDAD NATURAL

"Con Xavi, Iniesta, Silva, Cesc, Senna...es fácil jugar, entenderse. Con esos jugadores sería un pecado no jugar de esa forma. En la selección disfrutamos todos. Se nota a la hora de jugar. Estamos comprometidos e identificados con ese estilo de juego (Xabi Alonso en AS el 19-11-2008).

Hasta aquí, hemos advertido que los jugadores son productores de significados, que necesitan de contextos apropiados para desplegar sus mejores destrezas. Entonces, ¿cómo religamos tan desacertadamente a unos y otros? ¿Cómo queremos construir una identidad reconocible, una cultura original, a través de hacer coincidir en el mismo espacio a jugadores con caracteres tan dispares?

Si *"un equipo se hace con una idea grande que todos sientan como suya"*[72], y ningún jugador es idéntico a otro, en cuanto a que sus patrimonios no guardan una similitud precisa, nuestra voluntad debe ir al encuentro de las analogías entre los jugadores como referencia para complementar sus diferencias.

Busquets o Yaya Touré, a priori, no se parecen en nada. Si discurrimos más, llegaremos al punto de que esas diferencias tienen su punto de encuentro en que ambos tienen la cualidad de dar continuidad a la circulación de balón de su equipo, que ante cualquier error del bloque defensivo alto, encargado de presionar inmediatamente a perder el balón, uno y otro evitan fisuras entre estos y los jugadores que no se incorporaron. Además, tienen la astucia de saber el momento en que hay que detener el juego por una alteración excesiva del orden. Ahí se encuentra el paralelismo entre estos dos futbolistas. Si las diferencias son tan insalvables que hacen que no haya espacios comunes entre particularidades, será dificultoso el promover competencia. Los antagonismos no pueden inhibir las complementariedades.

72 Valdano, J; (2001). *"Apuntes del balón"*. La Esfera. Madrid.

Fernando Savater nos incita a localizar *"qué tienen en común las cosas tras su aparente diversidad"*[73], así que hemos de condenar la radicalización que nos mostraba lo complementario como lo contradictorio, lo antónimo, para pasar a considerar que cuantas más equivalencias, desde la reconocimiento de que la igualdad es un deseo inaprensible, mayores posibilidades de entendimiento. A mayor paridad, más factible resulta el poder alcanzarse.

Si *"la convivencia se ve facilitada cuando existe ese proyecto que unifica motivaciones individuales"*[74], y el proyecto lo circunscriben las interacciones de los futbolistas, aunque lo diverso también se autoorganiza, no tiene demasiado sentido yuxtaponer elementos que procesen la información de forma desacorde.

Recuerden a la selección nacional y sus modales de traducción del juego, y de donde nace esa convivencia tan cordial. Aunque no es menos cierto que parecen buenos tipos, la sociabilidad procede de que se necesitan entre sí, de que encuentran connivencias para mostrar su pericia. Están condenados a entenderse. Eso lo consigue el juego, por más que busquemos la cohesión de un grupo mediante actividades llevadas a cabo fuera del terreno de juego y de las áreas de entrenamiento.

---

73 Savater, F; (2008). *"La aventura de pensar"*. Debate. Barcelona.
74 Marina, J. A; (2006). *"Aprender a convivir"*. Ariel. Barcelona.

2.4.- LA FLEXIBILIDAD DE LAS LEYES Y LOS PRINCIPIOS. CUESTIONANDO LA LÓGICA PARA AMPLIAR LA REALIDAD.

"Las leyes del mundo real son desconcertadamente distintas de las del idealizado mundo lógico" (Gigerenzer, G.).

"Es mejor saber después de haber pensado y discutido que aceptar los saberes que nadie discute para no tener que pensar" (Fernando Savater).

"No hay nada más maravilloso que pensar en una idea nueva. No hay nada más magnifico que comprobar que una idea nueva funciona. No hay nada más útil que una nueva idea que sirve a nuestro fines" (Edward de Bono).

Peregrinamos por un mundo poco amable con los cambios, una sociedad que prefiere entregarse cortésmente a las reglas estándar, que mira con acidez toda aquella manifestación que no pacta con las verdades universales.

El asteroide fútbol no está exento de esta plaga que oprime la extensión de la racionalidad. Vemos un equipo y nos parece que ya los vimos a todos. La excepción, asoma únicamente cuando algún inmoderado se salta las órdenes y percibe que posee su particular juicio para innovar e introducir renovadas nociones en la sesera de los documentados, nuevas letras en los libretos oxidados, novedosas respuestas a las mismas preguntas.

Imaginen por un instante qué hubiese acaecido si Cruiff, Sacchi, Zidane o Riquelme hubiesen desatendido a su instinto. Que hubieran sido también compinches de las falacias distorsionantes que llevan consigo las doctrinas implantadas desde códigos inflexibles.

Albert Einstein advirtió que *"es un milagro que la curiosidad sobreviva a la educación reglada".*

Los entrenadores *"deben ser indeterministas, cuestionadores del orden existente; deben buscar explicaciones divergentes a las que se dan por aceptadas y ser críticos permanentes con lo que se tiene por cierto"[75]*, deben asomarse al otro lado del formalismo, ver su dorso.

Gracias a Dios, Guardiola cuestiona los preceptos. Cuando la razón, esa lucidez irrecusable, dictamina que no pueden estar los dos laterales incorporados simultáneamente, Álves, Abidal y Silvinho, se pasan el partido contraviniendo la normativa. Se dice que el portero moderno debe dominar el juego con los pies, pero se reduce a que el mismo no lo pase excesivamente mal ante la cesión del balón por parte de algún zaguero. En el Barcelona, Valdés es uno más en la circulación del balón, permitiendo de paso que los laterales puedan ausentarse de la misma. Delos centrales se dice que deben, sobretodo, ser defensores. Debe ser que Piqué o Márquez anden calados de jugos delirantes porque salen con el balón en los pies para provocar la aparición de hombres liberados. Iniesta y Xavi (que siempre tuvieron que demostrar más que el resto porque su antropometría les hacía parecer

---

75 Ávila Fuenmayor, F; (2002). *"Los conceptos de azar y arte en Jorge Wagensberg"*. A parte rei, número 20. Madrid.

menos trascendentes), tienen su hábitat sobre una zona de la que comentan, que para dominarla, se debe prestar uno a un gran desgaste físico. Estos no tienen el mínimo interés por andar a golpes con sus competidores. Además, sólo consumen fútbol de coalición. Su endeble envoltura es inversamente proporcional a la categoría de sus decisiones.

Las cosas pueden ser como pensamos, o todo lo contrario. *"El fútbol no tiene verdades absolutas"*[76], cualquier especulación puede llegar a ser exitosa o caer derrotada en su ejecución puesto que *"ni las personas ni los acontecimientos se rigen por las reglas de la lógica, no son tan fáciles de predecir o resolver como las ecuaciones matemáticas. Se escapan a las soluciones rápidas, lógicas, ordenadas. La razón por la que el pensamiento habitual resulta insuficiente para manejar sistemas es que tiende a ver secuencias simples de causa y efecto limitadas en espacio y tiempo, en lugar de una combinación de factores que se influyen mutuamente"*[77].

La aplicación de una ley en fútbol, que atañe concretamente a los rivales del Barcelona, lleva a considerar que cuando reciben los extremos, la ayuda debe realizarse por dentro, con jugadores interiores, para ir obstaculizar la tendencia de estos para salir del regate y lanzar con su pierna dominante. Pero se quedan en la parte minúscula de la norma, porque es cerrada y nos ciega para apreciar la totalidad del procedimiento.

Pocos avistan que dichos auxilios defensivos fuerzan tanto el movimiento de basculación, que permiten la presencia cómoda de los medios avanzados (Xavi, Eidur Gudjohnsen o Keita), o del extremo opuesto (especialmente Henry), que llega al área por el lado contrario a la posición del balón. No se piensa en el proceso, tal y como hemos ido denunciando a lo largo de estas páginas.

Por ello, apostamos por lograr un talante indeterminista, algo que de momento es propiedad de los seres progresistas ajenos a este deporte.

---

76 Menotti, C. L; (2008). Entrevista para www.elsuple.com. Octubre de 2008.

77   O`Connor, J. y McDermott, I; (1998). "Introducción al pensamiento sistémico". Urano. Barcelona.

2.5 EL JUGADOR COMO PRODUCTOR DEL CONOCIMIENTO

"Cuanto mayor es el estado de incertidumbre espacial, mayor es la interacción del hombre y el medio, por tanto más se estimulan las conductas de decisión, y se pone a prueba la disponibilidad del sujeto" (F. Seirul-lo).

"Cada quien se hace inteligente en la medida en que reconstruye y construye significados, formas de significar y de actuar dentro de las posibilidades y las oportunidades que le brindan los intercambios sociales o, mejor, las interacciones no lineales, complejas y fluctuantes con su entorno" (Hennessey, G.).

"Lo que menos importa es mi razón" (Silvio Rodríguez).

La idea que resume este subcapítulo, es la de que el aprendizaje está en manos de de las operaciones mentales del jugador. Se supedita a ellas.

Traducimos los acontecimientos poniendo en juego las experiencias sobre las cuales estamos construidos. Así que todo está sometido a la interpretación del futbolista. En suma, *"los productos que hacemos son expresiones de quiénes somos"*[78]. En cada acción, el futbolista introduce su sentir para desenvolverse en ella.

Muchas veces, vemos como jugadores que se enfrentan a situaciones comparables reaccionan de manera muy distinta. Incluso el mismo jugador ante una experiencia que parece repetida, reacciona de manera diferente, por tanto, *"el punto de vista o posicionamiento del observador condiciona inevitablemente su percepción del suceso que observa"*[79].

Me temo, que si *"el aprendizaje es una reorganización interna"*[80], si todo está expuesto a nuestro particular modo de observar, recibir y tratar la

78 Goleman, D; (2000). *"El espíritu creativo"*. Ediciones Vergara. Argentina.
79 Rojas Marcos, L; (2005). *"La fuerza del optimismo"*. Aguilar. Madrid.
80 Carretero, M; (1987). *"Desarrollo cognitivo y educación"*. Cuadernos de pedagogía, número 53. Barcelona.

información, parece una expectativa irracional e inalcanzable considerar al jugador como un documento en blanco que rellenar por parte de los entrenadores.

Aún así, insistimos en que son nuestras conclusiones las que mayor repercusión tienen en la construcción del bagaje táctico del grupo dirigido, cuando queda definido que *"el aprendizaje tiene poco que ver con el recibir de otros señales regladas, porque cada uno de nosotros somos nuestro propio maestro y podemos aprender de todo lo que hacemos"*[81]. ¿Creen que Messi fue instruido para alcanzar ese nivel tan extraordinario que exhibe en la actualidad?, ¿o sus usanzas han mostrado cómo deben ser las características de los extremos para evitar excesivo estatismo y romper así las previsiones de los rivales? ¿Consideran que alguien introdujo en Márquez la depurada capacidad para saber cuándo aparecerá la oportunidad de progresar y de qué modo realizarlo?

Tal y como declara Humberto Maturana[82] *"todo sistema racional tiene fundamento emocional, y es por ello que ningún argumento racional puede convencer a nadie que no esté de partida convencido al aceptar las premisas a priori que lo constituyen"*.

Somos recolectores de sustancias que provienen del pensamiento reflexivo de los que juegan, que aplican constantes interferencias, transformaciones conceptuales a lo que creímos asir. El jugador *"crea la capacidad al mismo tiempo que la utiliza"*[83].

¿Significa entonces que los entrenadores no pueden aportar nada a este juego? Para nada. Simplemente debemos agilizar la aparición de sus mejores recursos, los que tienen ya en su dominio intelectual, además de intuir aquellos que pueden llegar a exteriorizar, ya que como menciona

81 O`Connor, J. y McDermott, I; (1998). *"Introducción al pensamiento sistémico"*. Urano. Barcelona.
82 Maturana, H; (1995). *"La realidad ¿objetiva o construida? Fundamentos biológicos de la realidad.* Anthropos. Barcelona.
83 Marina, J. A; (1995). *"Teoría de la inteligencia creadora"*. Anagrama. Barcelona.

Eduardo Galeano[84], *"somos mucho más de lo que sabemos que somos"*, por tanto, a veces, hay que hacer conscientes a los jugadores de lo que pueden llegar a hacer. Esto se debe a que los actores principales de este deporte se entregaron al reposo reflexivo que prescribía la "sabiduría" de los técnicos.

Si la inspiración procede del ideario del entrenador, se cae irremediablemente en un estado funcionarial peligroso, ya que se amputa cualquier contacto del jugador con su discernimiento. De esta manera, el interés del futbolista por jugar al fútbol decrece, además de menguar en proporciones espectaculares las posibilidades del propio equipo.

En general, tenemos la seguridad de que el entrenamiento arregla todos los problemas que nos vamos encontrando por la travesía competitiva. Pero el entrenamiento sólo mejora, perfecciona, amplía lo que está concentrado de manera sensata. Intentamos arreglar a través de ejercicios de entrenamiento aquello que solamente tiene solución a través de religar correctamente.

El entrenamiento no tiene el objetivo de mejorar al jugador que sabe poco, o forzar complementariedades que no pueden existir. Sólo hay contacto con los contenidos del mismo cuando forman parte de las propias pertenencias del futbolista.

Esa es la razón por la que buscamos futbolistas poco comprensivos pero obedientes y maleables. En su falta de intuición, de sensibilidad, hacen uso del juicio de su entrenador, lo cual parece legitimarle.

De otro lado, el que comprende, se obedece. Nadie tiene que decirle lo que debe hacer a Cesc, Silva o Xavi Hernández, aunque, por desgracia, suspiramos por los primeros.

No se trata de ponerlos a jugar sin más (aunque a veces, y viendo los contenidos de las sesiones de entrenamiento, se conseguiría mucho más).

---

84 Galeano, E; (2008). Entrevista realizada en el programa "Ratones coloraos", el 27 de Mayo de 2008.

Absténganse de seguir soñando aquellos que entendieron esto como una invitación al relax. Así, sólo conseguiríamos fomentar la irresponsabilidad más horrorosa (aunque esto también depende de la mentalidad del jugador). Se trata de reconciliar a los sujetos con sus procesos periódicos y creativos, interceder para que este hecho se torne social, porque de esa manera se disparará su prosperidad, y ofrecerles las condiciones precisas.

En su experiencia en el fútbol italiano (concretamente como jugador de la A. S. Roma), el nuevo entrenador azulgrana, Pep Guardiola llegó a afirmar que *"puedo ser disciplinado, puedo darlo todo menos mi cerebro; las ideas son mías"*[85]. Celebro el hecho de que esas mismas palabras encuentren buen recaudo en la propuesta de su equipo, que maximicen la concepción del pensador Roger Ciurana sobre el ser humano:

> *"Son sujetos que crean estrategias, que interactúan entre sí y que van más allá de los roles que tienen asignados. Son sujetos que no solo se dedican a repetir los valores que la estructura les asigna. La autonomía de los individuos en la evolución de la sociedad. La sociedad es creativa cuando interactúan sujetos – estrategas y no sujetos normalizados"*[86].

La realimentación de nuestros actos, nos hace previsores, despiertos ante la novedad, perspicaces para manejar la improvisación, nos abastece de medios para esclarecer los indicios relevantes de cada acción.

85 Declaraciones realizadas al diario El País, el 17 de Septiembre de 2002.
86 Roger Ciurana, E; (2000). *"Complejidad: elementos para una definición"* en pensamientocomlejo.com.ar.

Los jugadores como portadores del modelo

"No hay cultura sin cerebro humano (aparato biológico dotado de habilidades para actuar, percibir, saber, aprender), y no hay mente, es decir, capacidad de conciencia y pensamiento, sin cultura" (Torres Soler).

"El método lo pone el jugador, que en función de sus posibilidades y sus capacidades queda posibilitado para hacer una serie de cosas e imposibilitado para otras" (J. M. Lillo).

No existe la objetividad como tal. Todo conocimiento es influenciado sobremanera por el sujeto que lo tantea, lo retoca, lo elabora, y que nunca es el mismo cuando es tratado por la mente de otra persona. *"Estamos*

en el mundo para actuar de acuerdo con nuestra naturaleza"[87], así que la

87 Savater, F; (2008). *"La aventura de pensar"*. Debate. Barcelona.

organización de los medios que desarrollarán nuestra forma particular de jugar debe jugar a favor de lo que los sujetos son. Como *"nuestra realidad no es otra que nuestra idea de la realidad"*[88], resulta absurdo establecer orden lejos de las formas de captación de la realidad de los jugadores.

El modelo pues, debe convenirse a las necesidades estructurales de los que tienen que representarlo. No se puede aprender nada sin tener las condiciones subjetivas para incorporarlo a la memoria.

Entonces, ¿cuál es?, ¿dónde está el papel del entrenador? La respuesta es simple: en ser conscientes de esto y alimentarlo, o sea, no podemos convertir el juego en aquello que queremos que sea, eludiendo a los futbolistas y sus capacidades. Hay que tener incorporada la pericia de ver nuevas concomitancias que potencien el sistema y disponerlas a la acción. Conseguir que manifiesten frecuentemente lo que mejor hacen conjuntamente.

Jorge Valdano asegura que *el diseño de la plantilla ejerce más influencia que las ideas de un entrenador"*[89], lo que irremisiblemente nos coloca, cada vez con mayor fuerza, en una posición coordinativa.

El entrenador es un elemento que debe regularizar las evidencias destacadas de la interretroacción entre sus pupilos, sin erigirse como un instructor de nivel superior, hecho que nos ubicaría como componente distorsionador del proceso lógico.

Los deportistas, mejoran su rendimiento jugando juntos y con el balón como vínculo predilecto, así que los técnicos deben "dejar ser" a los futbolistas, concediéndoles un tejido de transmisión de pareceres coincidentes. Dejándoles ser, desde la responsabilidad, ya que *"pocas cosas motivan más que tener la oportunidad de hacer lo que uno sabe hacer"*[90].

Supongan, que los técnicos del F. C. Barcelona ordenaran a sus jugadores que, tras perder el balón, se replegaran hasta campo propio y mantuvieran

88 Torres Soler, L. C; (2005). *"Sistemas complejos"*. Editores Gamma. Bogotá.
89 Valdano, J; (2009). *"Al principio fue el balón"*. Diario Marca, sábado 17 de Enero.
90 Mateo, J. y Valle, J; (2007). *"El trabajo dignifica…y cien mentiras más"*. LID. Madrid.

una actitud de espera ante las acometidas del equipo contrario. Estos sujetos, que tanto disfrutan con el balón, porque hacen un magnánimo empleo del mismo, quedarían invalidados de su deseo primordial, poseerlo. Sería una determinación que produciría resistencias por tratar de cambiar lo que está construido de forma innata. Por eso, se complacen de presionar con esa intensidad impropia de un grupo constituido por tantos jugadores icónicos.

"Cierto es que han de buscarse unas pautas preferenciales de conducta para que se asiente el colectivo, pero al final hay unas pautas propias que cada uno ha ido construyendo en función de las experiencias adquiridas y de sus capacidades. Se va construyendo con el tiempo antes de que llegue a nosotros. Lo que ocurre es que con nuestra vanidad creemos que el mundo táctico de ese futbolista empieza cuando llega a nosotros"[91]. Por tanto, no se necesita más que alguien que aclimate un sistema de comunicación sólido para que el equipo aproveche su potencial. Alguien que establezca una serie de principios que consigan hacer que el colectivo tenga su propio dialecto procedimental.*

Muchos clubes obtienen un juego brillante "sin la intervención de un control central o un plan definido, ofreciendo conductas colectivas altamente organizadas aún en la ausencia de diseños prefijados"[92]*.

Tenemos los ejemplos más patentes en los campeonatos de selecciones nacionales. Son pocas las oportunidades que tienen de entrenar juntos, además de que cuando lo hacen, se prima más el aspecto de recuperación psico-física que cualquier otra cosa. Llegan con una carga de partidos considerable, y el temor al bajo rendimiento, a la producción de lesiones, evita que las sesiones sean sustanciosas desde el punto de vista didáctico.

No obstante, son innumerables los casos de combinados que tienen un estilo ampliamente reconocible, producto de las relaciones específicas que establecen sus seleccionadores.

---

91 Lillo, J. M; (2009). *"Cultura táctica"*. Revista Training Fútbol. número 156. Valladolid.
92 Gutiérrez, E; (2005). *"Un mundo complejo que se autoorganiza"*. Revista rebeldía. México.

CAPÍTULO 3.- RELACIÓN ENTRE LOS PRINCIPIOS DEL PARADIGMA DE LA COMPLEJIDAD Y LA ORGANIZACIÓN DEL F. C. BARCELONA

"El pensamiento complejo debe complementar y confrontar el modo de pensar que separa con un modo de pensar apoyado en unos principios de conocimiento tales que devenga capaz de concebir la organización, que religue, contextualice y globalice" (Gómez Marín y Jiménez).

3.1. SOBRE LA NECESIDAD DEL ESTABLECIMIENTO DE PRINCIPIOS REGIDORES

El movimiento intelectual que incluye esta obra, para desembocar desde una perspectiva tradicional a un pensamiento más amplio y consecuente con la organización de toda estructura viva, aspecto que nos ofrezca, a su vez, la posibilidad de comprender más rigurosamente los procesos que notifican la organización del Barcelona, tiene su base en las teorías de Edgar Morín.

Claramente, el filósofo galo es el humanista que mayor auge le ha dado al paradigma de la complejidad. Éste ideólogo francés, enunció una serie de principios guía en los que se sustenta dicho pensamiento.

Recordemos que un principio es *"una norma o idea fundamental que rige el pensamiento o la conducta"*[93], representan las leyes a considerar en todo momento para que se hagan viables la consecución de los objetivos planteados. Sin su establecimiento y cumplimiento resulta irrealizable la finalidad pretendida. Toda aspiración, toda meta, debe incluirlos como códigos ineludibles.

93 Diccionario de la Real Academia de la Lengua Española. Vigésima Segunda Edición (2001). Espasa. Madrid.

Así pues, para manejarse en términos de complejidad, para que nuestras reflexiones no corran el riesgo de precipitarse hacia el acomodo de lo cartesiano, nuestro razonamiento debe acompañarse en todo momento de esta serie de normas.

Dicho esto, vamos a hacer uso de los principios de Morín, y que ordenan las claves para obtener una visión más legítima y ordenada de la realidad, así como otros de elaboración propia, a fin de poder enjuiciar, en la última parte del libro, más nítidamente cuáles son las características esenciales del juego del equipo de Guardiola.

PRINCIPIO SISTÉMICO U ORGANIZACIONAL

"La organización de un todo produce cualidades o propiedades o propieda-des nuevas con respecto a las partes consideradas aisladamente: las emergen-cias" (Edgar Morín).

Hemos venido insistiendo, que la visión sistémica concibe al mundo en términos de relaciones e integración. La parte sólo adquiere sentido desde la organización del colectivo, a partir del conjunto de relaciones a la que pertenece. Así pues, todo es contextual.

Es conveniente pensar que la trascendencia de cada jugador, cada acción individual o con la colaboración de compañeros, lo determina la situación específica sobre la que se manifiesta.

En declaraciones al diario El Mundo Deportivo, el delantero Bojan Krkic decía sentirse feliz por el hecho de que *"cada vez me sale todo más natural"*. Posiblemente, esa naturalidad tenga su génesis en la red de relaciones en la que participa, en el respeto de la misma a sus cualidades, a que el producto emergente de las relaciones con colaboradores maximiza su potencial.

Por tanto, resulta imprescindible, aunque de esto ya hemos hablado largo y tendido en las páginas anteriores, razonar en procesos, nunca en conductas incomunicadas, en la relevancia del contexto para ofrecer estimaciones cualitativas sobre hechos o actuaciones observadas.

PRINCIPIO HOLOGRAMÁTICO

"Cada célula es una parte de un todo – el organismo global – pero el todo está en sí mismo en la parte: la totalidad del patrimonio genético está presente en cada individuo, en tanto que un todo a través de su lenguaje, su cultura, sus normas" (Edgar Morín).

Podríamos declarar que cada acción individual (aunque desde una comprensión sistémica no exista como tal, ya que cada conducta aislada debe tener conciencia colectiva, significado global), o cada actuación de algún subsistema, constituye una representación abreviada del juego completo.

Cuando Xavi o Busquets intervienen en el juego de su equipo, significando su capacidad de adaptación del balón, la protección del mismo, y el perfil de sus pases, están representando en sí mismas, las características del juego de ataque del F. C. Barcelona (y, a su vez, el de defensa).

Prolongar las posesiones, demorar la progresión, hasta la consecución de condiciones favorables para ello, otorgar tiempo para que el equipo se aproxime,..., está presente en la conducta de estos jugadores. Cada pase, la forma de relacionarse, lleva consigo (si disponemos de una mente liberada de reduccionismo) el proceso completo. Cada intervención, lleva implícita la acción posterior para el que recibe el balón.

Declaraba Seidou Keita que Iniesta *"lleva el juego del Barça en las venas.*

Entiende como nadie el fútbol porque lo siente"[94], referencia clarificadora del principio que nos atañe.

Nos enseña a percibir la reproducción de la totalidad, comprendiendo a la vez la propia singularidad. Valorar las estructuras de significado de la organización del modelo contenidas en cada individuo que pertenece a esa trama.

O sea, el modelo completo está presente en cada jugador, medio, intención, subsistema,..., a través de sus normas, principios de actuación, de su lenguaje común, de su cultura. No podía ser de otra manera, puesto que dicha cultura es creada por ellos mismos, por ello la contienen.

EL PRINCIPIO DE BUCLE RETROACTIVO

Este principio, trata de ofrecernos una explicación sobre la no linealidad entre la causa y el efecto. Cuando observamos un hecho, el efecto, solemos responsabilizar a una sola causa como productora del mismo. Sin embargo, en ningún caso, la consecuencia resulta de una única variable, sino de múltiples retroacciones.

Esta creencia nos lleva a, por ejemplo, repetir experiencias buscando resoluciones análogas a las anteriores. Craso error, ya que resultados casi idénticos pueden corresponder a orígenes distintos, así como también pueden producirse resultados diferentes desde orígenes similares.

La articulación de diferentes partes organiza el todo, que a su vez retroactúa sobre las diversas partes para conferirle cualidades que antes no poseían. Por tanto, estamos hablando de un proceso autorregulador, donde efecto y causa tienen una relación circular y en ningún caso lineal.

Alineaciones reiteradas provocan consecuencias desiguales en base a una

94   Artículo de Luis Martín, titulado "La piedra filosofal del Barça se llama Iniesta". Diario El País. 11 de Marzo de 2009.

infinidad de factores que resultan incontrolables para los entrenadores. Remates en condiciones espaciales, corporales,..., semejantes, que a veces acaban en gol, otras no; desmarques con trayectorias simétricas a otros realizados, llegando en ocasiones a recibir el balón en situaciones muy beneficiosas, en otras el balón no coincide en espacio y tiempo con mi presencia; e infinitas evidencias deben hacernos pensar en que todo proceso es auto-moderador.

El inicio de cualquier acción, que otrora se desplegó de una determinada forma, con los mismos protagonistas y circunstancias, a priori paralelas, nunca producen consecuencias exactas, ya que están tamizadas por una multitud de estímulos que de ningún modo aparecen con la misma forma o intensidad, además de que debemos introducir nuestra propia reflexión, nuestra interpretación, que aspecto que tampoco sigue los pasos de la uniformidad.

PRINCIPIO DE RECURSIVIDAD ORGANIZACIONAL

Atendamos al Barcelona. La capacidad de desequilibrio del cuadro catalán, evidenciada en los regates de Messi, Iniesta o Henry, la irrupción de Álves o las penetraciones de Etoó, hace indispensable que otros compañeros atraigan al bloque defensivo hacia el eje longitudinal del terreno de juego o, en su defecto, permitan apertura de espacios por dispersión de contrarios.

Tratamos de puntualizar, que lo que producen los Xavi, Touré, Busquets, Márquez, Piqué, con su dominio del juego interior, otorga sentido a lo que realizan sus compañeros para expresar su potencial. El trabajo de los primeros cobra también significado por lo que los jugadores exteriores producen, o sea, sin un buen juego interior, que polarice la atención de los contrarios, no puede haber un buen juego de los jugadores exteriores y viceversa. Es una relación de reciprocidad.

José Antonio Marina[95], señalaba que lo que hacemos, nos hace, es decir, el producto es al mismo tiempo productor. En palabras de Morín, los productos y los efectos son ellos mismos productores y causantes de lo que los produce.

El ejemplo anterior, llevado a una escala superior, nos introduce la idea de que los jugadores producen el modelo, pero simultáneamente el modelo produce a los propios jugadores, transmitiéndoles el sistema de comunicación específico de la cultura comportamental propia. A través de esta circularidad retroalimentadora entre causa y efecto el equipo va creando su propia autonomía.

PRINCIPIO DE AUTONOMÍA/DEPENDENCIA (AUTO-ECO-ORGANIZA-CIÓN)

"Los sistemas no sólo se orientan ocasionalmente o por adaptación hacia su entorno, sino de manera estructural, y no podrían existir sin el entorno. Se constituyen y se manifiestan a través de la producción y el mantenimiento de una diferencia respecto al entorno, y utilizan sus límites para regular esta diferencia" (N. Luhmann).

"He visto varios partidos de Premier League y el equipo que me atrae mucho es el Arsenal. Es un buen club y su estilo de juego hecho de toques y de contraataques muy rápidos me conviene perfectamente" (David Villa).

La conducta del sistema, su funcionamiento, modifica el contexto donde se revela, así como también es modificado por él. Los sistemas son pues *"organizacionalmente cerrados (se construyen y producen en lugar de ser programados desde fuera) e informacionalmente abiertos (captan y producen continuamente información)"*[96]. Resumidamente, existe dependencia del modelo con el medio, así como del jugador con el modelo y con el medio.

---

95 Marina, J. A; (2004). "Aprender a vivir". Ariel. Barcelona.
96 Luhmann, N; (1982). "The differentiation of society". Columbia University Press. New York.

Dependencia que no excluye la autonomía de dichos jugadores, sino que la permite.

La revelación espontánea de nuevas estructuras faculta al sistema, a través de su organización interna, a evolucionar utilizando ajustes, mediante la permisión o rechazo de las mismas. Estas primicias fenoménicas pueden proceder de interacciones ocurrentes entre jugadores, o por agentes del exterior del sistema.

La organización debe poseer capacidad de reequilibrio, procesar la información, para asegurar la producción de estructuras inéditas, ante las constantes perturbaciones internas y externas que acaecen.

Los futbolistas deben asumir su dependencia al modelo, algo que se consigue simplemente auto-exigiéndose fidelidad (no olvidemos que al modelo lo construyen sus capacidades), dependencia que debe contribuir a que puedan conectar con sus mejores recursos y nunca restar posibilidades. Deben tener *"capacidad potencial de actuar como agentes autónomos del cambio, e influir sobre los demás, abandonando las rutinas"*[97], conciliando obligaciones y posibilidades (algo que naturalmente es sincrético), considerando ambas como las caras de una misma moneda.

Un factor de dependencia lo representa el juego del equipo al que nos enfrentamos. Conocer sus regularidades, los espacios que minusvaloran o sobrevaloran en función del emplazamiento de sus jugadores, sus tendencias en las reanudaciones de juego,..., resulta de gran importancia siempre y cuando, en su manejo, no entreguemos nuestra filosofía. La organización interna no debe deteriorarse, debe mantener su integridad funcional.

En suma, debemos extraer varias ideas fundamentales de este principio. La primera tiene que ver con el establecimiento de una dialógica entre los procesos internos y los exteriores al sistema. Considerar que *"todo fenómeno autónomo (auto-organizador, auto-productor, auto-determinado) debe ser*

---

97 (Ibíd).

considerado en relación con su entorno o ecosistema"[98], que se autoorganiza a partir de su estabilidad dinámica, se reproduce cambiando. Por tanto, todo lo que ocurre en el exterior del propio sistema debe ser tenido en consideración.

Otra conclusión, tiene que ver con que cada jugador debe encontrar su mejor nivel a través de las relaciones que le permite el modelo al que afecta. Que la cultura no sólo no absorbe al individuo negativamente, sino que basa su desarrollo en ampliarle su libertad.

PRINCIPIO DIALÓGICO

Estamos ante un código, que ha aparecido en múltiples acepciones de este manual. Hablábamos del diálogo necesario entre términos que aparentemente se excluyen, con su ejemplo más notorio en la división entre defensa y ataque.

Su objetivo no es otro que el quebrantar la línea separadora y absolutista entre lógicas que pertenecen a una misma existencia, que son dimensiones articuladas de lo mismo.

Determinismo e indeterminismo coexisten, al igual que individuo y colectivo, como ya hemos ido apreciando durante la exposición de las ideas básicas de este libro.

Para José Antonio Marina, *"no podemos vivir desvinculados de los demás, pero tampoco disueltos en los demás"*[99], en clara alusión a la inseparabilidad entre la personalidad y la pertenencia al grupo.

En la actualidad, existe el convencimiento de que hay equipos absolutamente determinísticos, mecanizados, y otros estrictamente subordinados a la creatividad de sus jugadores.

---

98   Gómez, Marín, R. y Jiménez, J. A.; (2002). "De los principios del pensamiento complejo", en "Manual de iniciación pedagógica al pensamiento complejo". UNESCO.
99   Marina, J. A: (2006). "Aprender a convivir". Ariel. Barcelona.

En cualquier conjunto, ambas características coinciden, puesto que tanto en aquellos clubes basados en la obediencia estricta de parámetros cerrados, la genialidad aparece a pesar de todos los impedimentos, así como cualquier manifestación aparentemente desordenada, guarda un orden interno que puede llegar a ser más rico que el de la supuesta organización automática.

Se dice que los equipos del entrenador español Rafa Benítez (actual director técnico del Liverpool F. C.), suelen presentar rasgos más propios de la robótica que de la biología. Puede ser que los medios utilizados en su funcionamiento no tengan la riqueza meridiana de otros equipos conformados por jugadores supuestamente más ingeniosos, pero cuando en el campo se encuentran y se asocian Gerrard, Xavi Alonso o Fernando Torres, en ningún caso se puede hablar de ausencia de acontecimientos fantásticos.

Por el contrario, en clubes como el Barcelona, el Manchester o el Arsenal, la generosidad de actuaciones sublimes, esconde también procesos sistematizados y cierta uniformidad. Por tanto, *"la dialógica significa que dos o varias lógicas distintas están ligadas de forma compleja. Por separado, cada término o lógica resultan insuficientes, por lo que hay que relacionarlos y hacerlo en forma de bucle"*[100].

---

100   Coromoto Salazar, I; (2004). "El paradigma de la complejidad en la investigación social". Educere. Artículos arbitrados. Año 8. Número 24.

Principio de Reintroducción del Conocedor en el Conocimiento

> "Cada vez que imponemos cambios a la organización, en lugar de cómo implicar a la gente en su creación, hace falta una lucha tremenda para ponerlos en práctica. Por otro lado, hemos comprobado que esa puesta en práctica ha sido muy rápida cuando la gente ha sido previamente implicada en los cambios" (Wheatley y Kellner-Rogers).

> "¿De qué entrenador has aprendido más? No podría quedarme con uno en concreto. De todos. Pero especialmente se aprende jugando y siendo tú mismo. La experiencia propia" (Vicente, jugador del Granada C. F.).

El jugador es generador de conocimiento, a partir de lo que observa y de cómo lo observa. El sujeto es el que en última instancia decide, siempre a partir de la idea que elaboró de la situación particular. Su percepción acompaña a cada conocimiento. *"Es necesario que comprendamos que nuestra lucidez depende de la complejidad del modo de organización de nuestras ideas"*[101].

De esta manera, se precisa *"un cambio radical del propio concepto de conocimiento, orientado ahora a formular preguntas – en lugar de acumular respuestas – y aprender haciendo, en lugar de aprender memorizando"*[102].

Sin ese protagonismo que le corresponde al futbolista, sería improbable que el modelo evolucionara. Tanto es así, que son las sugerencias de los propios futbolistas en su relación con el juego, las que introducen mejoras a la organización, evitando su estancamiento, su previsibilidad.

Como demostración, podemos apreciar que la presencia de Dani Álves en la alineación del Barça, ha aportado, por los hábitos adquiridos por

---

101 Morín, E; (2000). "La mente bien ordenada". Seix Barral. Barcelona.
102 Punset, E; (2004). "Adaptarse a la marea". Espasa Calpe. Madrid.

el propio jugador brasileño durante su anterior etapa en el Sevilla F. C., la posibilidad de envíos al área cuando gana espacios de extremo. Ese era un recurso del que carecía el equipo azulgrana, mucho más acostumbrado al pase y va (pared) o a pasar sobre jugadores que se introducen por los márgenes expeditos entre defensores. De esta nueva experiencia, se están aprovechando tanto los extremos contrarios a la zona de envío (fundamentalmente Henry), como los medios avanzados, así como primordialmente Samuel Etoó (véase figura 4).

Jugar al lado de delanteros como Kanouté o Luis Fabiano, siempre prestos a recibir envíos laterales que favorezcan su capacidad de remate, propició esta rutina que ahora, de forma espontánea aparece como parte integrante de las regularidades del conjunto catalán.

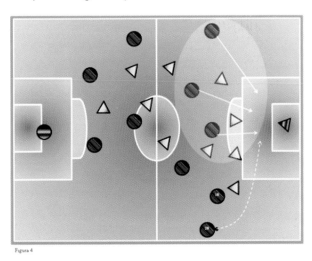

Figura 4

EL PRINCIPIO DE DIFERENCIACIÓN

Determinados jugadores o subsistemas, conductas,…, adoptan el papel de partes conductoras. El F. C. Barcelona basa parte de su éxito en la importancia que conceden a la posesión del balón para sentirse dominadores de los partidos. Aunque la variabilidad es constante, el predominio de la forma del pase y desmarques suele ser sobre jugadores próximos, cercanos al que tiene la pelota. Del mismo modo, la influencia, en esa elaboración del juego del equipo, del subsistema formado por Márquez, Xavi y Álves, es pronunciada.

Existe pues, cierta subordinación a elementos dominantes o, como hemos enunciado, partes conductoras, que instalan un orden jerárquico y que representan las partes de mayor influencia en el desarrollo del todo.

Xavi definía a Iniesta como un *"jugador inimitable, que tiene la cualidad de hacer mejor al resto de compañeros"*[103]. Podemos dar fe de ello. Llama poderosamente la atención, que en las ocasiones en que el equipo no ha podido contar con el concurso de estos jugadores, el juego efectuado por el Barcelona no se ha parecido cualitativamente en casi nada a cuando ellos han estado en el terreno de juego. Son la representación personificada de la organización exclusiva de su equipo.

Ricard Torquemada, en un artículo interesantísimo, de los pocos que encierran fútbol, encumbraba la figura del Xavi Hernández con motivo de su renovación hasta la temporada 2013-2014. El autor se expresaba en estos términos:

"El fútbol del Barça es preciso y delicado como ningún otro. Para que se despliegue correctamente, para que el juego luzca en su máxima expresión, todas sus piezas deben encajar a la perfección. Y no siempre del mismo modo, dependiendo del rival, escenario o de la propia alineación. Como su estilo es tan genuino, nadie lo representa mejor que un futbolista nacido y educado en casa. De manera natural, Xavi es el pegamento para unir todas las piezas. Cuando él tiene el balón, el Barça se junta a su alrededor. Los equipos cuya razón de ser descansa en el protagonismo con la posesión se ordenan a través de la pelota, responsabilidad que él asume desde que juega a este deporte. A pesar de que Guardiola lo quiere infiltrado en líneas enemigas, con buen criterio porque lo mejora, su participación es indispensable para que todo fluya. Cuando él no aparece, el juego del Barça padece diversas lesiones: se encalla, se acelera demasiado, las líneas se separan, el ritmo se descontrola o los delanteros quedan aislados. En cambio, su presencia lo corrige todo: lubrica la circulación, aplica la pausa, hace de pegamento para juntar al equipo, decide el ritmo y activa a los puntas. Por eso, es tan importante que los centrales le resten desgaste y responsabilidad eliminando con su primer pase una línea de presión para que él pueda moverse más adelante, que tenga socios a su alrededor con capacidad combinativa para relacionarse y que asuma responsabilidades sin reparos como está haciendo ahora, tras el reconocimiento en la Eurocopa. Xavi, que renovará hasta 2014, cumple 10 años en el primer equi-

---

103   Declaraciones al Diario Sport, el 10 de Octubre de 2008.

po gracias a su capacidad para reinventarse. Empezó siendo un distribuidor que elegía la salida del juego con claridad, aunque con poco peso; Rijkaard lo asomó al balcón del área y él descubrió todo su talento para escoger con éxito la mejor opción de pase con poco tiempo para pensar; hace un año, se acostumbró a llegar desde la segunda línea para rematar más; ahora se atreve a desafiar a su discreción, luciendo galones y creyéndose una referencia colectiva. Disfruten del mejor Xavi, un pegamento que engancha"[104].

En esa misma línea, cuando se produjo la lesión de Cesc por un encontronazo fortuito con Xabi Alonso, y, en cierto modo, adelantando lo que podía

acontecerle al Arsenal con la privación del jugador español, me decidí a escribir, para el Diario La Opinión de Granada, una columna intentando dar a conocer lo que suponía esa baja para del director del juego, para el equipo inglés:

CESC FÁBREGAS EL CARTÓGRAFO DEL ARSENAL

En estas fechas de navideñas, donde durante una semana quedan apagados los focos de la mayor parte de las competiciones futbolísticas, siempre queda encendida una lucecita que procede de las islas británicas, de la Premier League. La Liga inglesa no sólo tiene la tradicional costumbre de seguir con el interruptor en on, sino que además resalta su talante festivo y el sentido del

104 "Pegamento hasta 2014". El Mundo Deportivo. 07 de Diciembre de 2008.

espectáculo incluyendo una jornada, el día 26 de Diciembre, conocida como Boxing Day.

Uno, al menos en mi caso, espera con ilusión este regalo, más si cabe en estos momentos en que el crecimiento del fútbol inglés queda fuera de cualquier suspicacia, aunque he de reconocer que este año el deseo se ve mermado por la inoportuna lesión de Cesc Fábregas. Y encima para tres o cuatro meses. Sin duda una pésima noticia para los que pensamos que existe otro fútbol posible.

Si hay algún equipo en el panorama internacional que pueda aproximarse a la exultante fusión entre eficacia y estética del actual F.C. Barcelona, sin duda es el Arsenal, eso sí, siempre y cuando pueda contar con el jugador más decisivo de todos cuantos componen su plantilla.

Un equipo que crece con la posesión del balón, que necesita de su manipulación rítmica e inteligente para encontrar espacios en zonas determinantes, necesita de aquellos que los sugieren, los que saben dónde aparecerán, aunque, dichos espacios, aparentemente estén ocultos. Sin el jugador que establece las coordenadas que permiten la eficiencia de las conductas del resto de compañeros, en ese mundo cambiante que representa un partido de fútbol, la filosofía gunners queda limitada al carecer de su cartógrafo, de ese futbolista que parece contener en el cerebro, junto a las redes neuronales, una carta de navegación que se actualiza con cada nueva circunstancia a resolver o proponer.

Con él como precursor los de atrás se añaden a los de delante para promover la invasión al área contraria, consiguiendo además que con poca gente, a lo sumo los centrales Gallas y Touré se precinte la propia zona de riesgo. Bajo la tutela de Cesc los largos desplazamientos de los laterales Clichy y Sagna cobran sentido, ya que al llegar al lugar de recepción, lo hacen en el instante adecuado, sin las pulsaciones disparadas y en situaciones ventajosas; los Van Persie, Adebayor o Brendtner son conscientes de que en cualquier momento pueden aparecer de manera espontánea, frente al último obstáculo, el portero, derivado de que el balón se filtre por ese agujero entre defensores que, a los ojos de cualquier mundano, no se percibía. Él mismo llegó a decir que "dar una asistencia de gol es la mejor sensación del mundo". Su cadencia con la batuta del juego le otorga el tiempo exacto a la sinfonía de desplazamientos con trayectorias diversas y coordinadas de los que giran alrededor de su "dictadura". Todo esfuerzo es económico. El juego del español declara, como diría Fernando Savater "qué tienen en común las cosas tras su aparente diversidad", complementa las diferencias para hacernos ver que las partes, los jugadores, tan distintos en su apariencia más superficial, se parecen en esa su fracción *que guarda consonancia con el todo, con el estilo de juego definido.*

Sin el regidor catalán, la propuesta del director Wenger, si no lo remedian jugadores como Denilson y Nasri, la reaparición del brasileño Eduardo, desde otras directrices más ordinarias, o alguna incorporación de última hora, se enreda en la interrogante.

Dicha columna de opinión, adquiere sentido cuando, aunque superficialmente la identidad del Arsenal no ha sido modificada sin Ces Fábregas (siguen teniendo porcentajes altos de posesión del balón, mismos criterios en la construcción del juego,...), se detectan, si el análisis es de calidad, que la circulación del balón y de jugadores no es la misma en tiempo y forma (mala sincronización entre momento del pase y desmarque, apreciable, por ejemplo, en laterales que se incorporan a destiempo y que esperan estáticos que el balón les llegue). Esas diferencias, aparentemente insignificantes, e inapreciables si nuestra percepción no está ejercitada sobre aspectos sistémicos y complejos, pueden matizar el rendimiento de cualquier equipo. La importancia de este tipo de jugadores es ostensible, por lo que una de las claves será reunir a todos los posibles para asegurar la manifestación regular de los procesos inherentes a la propia gramática de juego. Sirva esto, para adentrarles en la inminente presentación del principio de la complementariedad.

Principio de la complementariedad

Una plantilla no se conforma mediante la adición de jugadores competentes y competitivos. Es, más bien, un grupo de jugadores que se complementan entra sí. A mayor semejanza, mayor facilidad para establecer interacciones inteligentes y productivas.

En las páginas dedicadas al conocimiento de las características fundamentales entre paradigmas, hacíamos una comparativa de la interpretación de la complementariedad, en función de cuál de ellos lo explicara. Obteníamos a modo de conclusión, que asumiendo la realidad de que las cualidades personales no son equivalentes entre sí, únicamente podríamos interaccionar de manera acertada cuando las prácticas particulares encontraran reciprocidad, se correspondieran entre sí. La propia selección española, exagera su propuesta alineando de forma conjunta a futbolistas de idiosincrasia parecida.

Durante el partido entre Real Madrid y F. C. Barcelona correspondiente a la primera vuelta del campeonato de Liga 2008-09, pudimos observar las dificultades que encontraron los azulgranas para traspasar las líneas de presión dispuestas por el equipo blanco. Era un equipo desconocido. No seremos nosotros los que utilizaremos la causa-efecto para apoderarnos de la razón. Lo cierto es que con la sustitución, mediada la segunda parte del encuentro, de Gudjohnsen por Busquets, se pasaba de tener en centro del campo compuesto por Keita, Xavi y Guddy, a otro con la presencia del canterano. Curiosamente, para ese momento Guti había dejado su lugar a Javi García, un jugador de perfil menos sutil.

Con un Real Madrid reforzado para asegurar la eficacia del pressing, y un Barcelona hasta entonces poco protagonista, la existencia de jugadores (Xavi y Busquets) de mayor parecido futbolístico, promovió la recuperación de los valores del juego de los de Guardiola.

Del mismo modo, en los momentos de menor productividad, en esas épocas en las que el equipo ha estado varios partidos sin ganar, o al menos no siendo tan conspicuo en sus formas, el míster ha optado, por alinear al mismo tiempo a Iniesta, Xavi y el propio Busquets, como centrocampistas, para recuperar la dinámica de regularidad en juego y resultados.

Principio de la potencialidad evolutiva

"Tratándose de la realidad, nada menos fiable que una verdad que no cambia" (Jorge Wagensberg).

"Cuando llegué, costó que todos los jugadores tuvieran una idea de cómo jugar en cada momento. Cuándo apretar más arriba, cuándo esconder el balón...Éramos bastante más irregulares. Con el tiempo, nos hemos conocido mejor y ahora vamos al campo con una personalidad identificada. La sensación es que el equipo ha crecido" (Xabi Alonso).

Los entrenadores de fútbol debemos cuestionar periódicamente la productividad del modelo de juego. El profesor portugués, Jorge Castelo, recomienda que *"a medida que se vaya construyendo un modelo de juego, es necesario someterlo a interrogación sistemática, esto es, se va construyendo progresivamente, desconstruyendo y reconstruyendo"*[105].

La ampliación de los rasgos estables debe ser un hecho primordial para la organización que tratamos de construir.

Ya que el modelo es producido por los propios jugadores a través de sus capacidades, es decir, respeta el sentimiento de autorrealización, éstos deben responsabilizarse de que sus características esenciales (las del modelo) se manifiesten de manera regular durante la competición y el entrenamiento. Además, la aparición de fenómenos imprevisibles, tanto por procesos en el interior del sistema, como externos al mismo, debe ser esperada y graduada. Así, podremos determinar qué aspectos son susceptibles de pertenecer al modelo y cuáles no, teniendo conciencia que las nuevas propiedades deben articularse con las ya existente y ser articuladoras de otras futuras.

Queremos decir con esto, que el sistema debe balancearse entre *"la tensión constante entre orden y caos. La necesidad autopoiética de conservar la*

---

105   Castelo, J. en Tamarit, X, (2007). "¿Qué es la periodización táctica? MC Sports. Pontevedra.

identidad, de recrearse a sí mismo, de resistirse al cambio y de centrarse en el interior, y la necesidad vital de cambiar, de crecer, de explorar los límites y de centrarse en el exterior"[106].

La imagen vigente de la cultura de juego del Barcelona es, qué duda cabe, una herencia fundamentalmente de Johan Cruiff. Bajo ese ideario se ha ido construyendo una filosofía a la que han contribuido especialmente Van Gaal, Frank Rijkaard y, en estos momentos, Pep Guardiola.

En esencia, la identidad es la misma, el mantenimiento de las líneas básicas se ha conseguido, pero se han ido introduciendo una serie de matices que han ayudado a que la idea original sea cada vez más sobresaliente.

Se ha ido pasando de tres jugadores como integrantes de la primera línea a cuatro (aunque cuando lo dictan las circunstancias se utiliza la primera), los laterales participan mucho más en la construcción de situaciones de ataque, los extremos han ganado en dinamismo (sin que por ello se resienta el equilibrio en los apoyos, ya que son los laterales los que ocupan esa posición en ausencia de éstos), en definitiva, se han ido generando nuevos medios que han posibilitado la preservación de la identidad mediante el aumento de complejidad. Se han ampliado las posibilidades, sin restar ni un ápice de substancia histórica.

Para acabar esta unidad, queremos divulgar las reflexiones del doctor Capra, y que tan bien concretan la idea de la evolución de los sistemas:

> *"La capacidad de generar nuevas formas constituye una propiedad clave en todo sistema. Y puesto que la emergencia constituye una parte integrante de la dinámica de los sistemas abiertos, podemos llegar a la importante conclusión de que éstos se desarrollan y evolucionan: la vida avanza constantemente hacia la novedad"*[107].

---

106 Boisier, S. "¿Y si el desarrollo fuese una emergencia sistémica?". Versión revisada en 2002. www.grupo-chorlavi.org

107 Capra, F; (2003). "Las conexiones ocultas". Anagrama. Barcelona.

PARTE 2

EL MODELO DE JUEGO DEL F. C. BARCELONA

"Los sistemas sociales utilizan la comunicación como forma particular de reproducción autopoiésica. Sus elementos son comunicaciones producidas y reproducidas de manera recurrente por una red de comunicaciones, y no pueden existir fuera de ella. Estas redes de comunicaciones son autogenéticas. Cada comunicación crea pensamientos y significado, lo cual da pie a nuevas comunicaciones, y de este modo la red se genera a sí misma, es decir, es autopoiésica. Al ser recurrentes las comunicaciones en múltiples bucles de retroalimentación, producen un sistema de creencias, explicaciones y valores compartidos — un contexto común de significado — que es continuamente sostenido por nuevas comunicaciones. En este contexto de significado compartido, los individuos adquieren identidades como miembros de la red social, la cual crea de este modo su propio perímetro, que no es contorno físico, sino de expectativas, confidencialidad, lealtad, mantenido y renegociado continuamente por la propia red" (N. Luhmann).

"Partimos de una idea común. Hemos crecido en un concepto común. Este equipo, por encima de todo, es una idea. Defendemos una manera de jugar y creemos en ella por principio" (Andrés Iniesta).

CAPITULO 4.- SOBRE LA NECESIDAD DE DISEÑAR Y CONSTRUIR UN MODELO DE JUEGO ORIENTADOR

"...proporciona a sus miembros una identidad colectiva y un ámbito claramente delimitado que sienten como suyo" (Fritjof Capra).

"El diseño es una oportunidad de oro para hacer que desde ese momento el sistema funcione correctamente" (Cornejo Álvarez).

Aunque ya hemos adelantado muchas de las razones que justifican el que el equipo posea una identidad clara, ese saber qué se pretende y cómo se quiere llegar a merecer dicha pretensión, vamos a subrayar cuáles son los objetivos por los que se hace necesario el tener un modelo de acción, que sintamos como nuestro, y que rija la realización de acciones comunitarias, sobre la base de una misma interpretación de los sucesos y de las posibilidades que suscitan los mismos.

Este marco general, a través del cual vamos facilitando la generación de cultura, y que no es cerrado, sino que está abierto a continuas transformaciones, al jugar con la permanencia de sus formas y el cambio, es el encargado de elaborar ambientes de significado colectivo.

Se responsabiliza *"de promover el desarrollo de las capacidades individuales en el grupo, y de lo grupal en lo individual"*, debiendo *ampliar la capacidad de los individuos a transformar sus interacciones, de manera que provoque la oportunidad de crear nuevos y diferentes escenarios de vida, en un proceso continuo de transformación y evolución"*[108], por lo que volvemos a refrendar

108   Hennessey, Noguera, H; (2005). "Competencias para crear equipos inteligentes". Revista Chasqui, 85. Quito. Ecuador.

que en ningún momento podemos considerar al modelo como un entidad concluida y clausurada.

Debemos subrayar, que se trata de un departamento de difusión de las relaciones específicas, de los jugadores del equipo, y sus efectos resultantes. Así, se van acumulando experiencias, van irrumpiendo recursos que se insertan en el lenguaje comportamental del colectivo, confiriéndole una serie de automatismos para que todos piensen en función de lo mismo, van brotando nexos reconocibles entre los implicados.

Comentaba Messi, tras conocer el resultado del sorteo de cuartos de final de Liga de Campeones, que *"lo más importante, lo que más me importa, es que hagamos siempre nuestro fútbol, que lleguemos a la final con nuestra filosofía. Es lo más grande que tiene este equipo"*[109], referencia indicativa de la importancia que le dan los propios jugadores al hecho de tener una forma distintiva de jugar, comprensible para todos.

La utilidad del modelo, las ventajas que otorga, en definitiva, no son otras que las de involucrar a los miembros del equipo a codificar el tejido de significado que ellos mismos obran, lograr una profunda identificación con lo que se proyecta, para que ese "jugar" pueda llegar a ser profundamente significativo para la totalidad del conjunto, asentar un cuerpo particular de conocimiento.

Para lograrlo, necesitamos establecer objetivos dentro de esa nuestra manera de proceder, que vienen a ser las pretensiones de nuestra organización cuando se manifiesta en competición. Para alcanzarlos, resulta necesario determinar unos principios que tutelen las conductas de los futbolistas.

Los principios de juego, *"representan la fuente de acción, definen las propiedades invariables sobre las cuales se realizará la estructura fundamental del desarrollo de los acontecimientos"*[110]. Nos debemos ajustar a su cumplimiento si queremos ver cumplidos los propósitos colectivos.

109   Entrevista en El Mundo Deportivo, el 25 de Marzo de 2009.

110   Bayer, C; (1986). "La enseñanza de los juegos deportivos colectivos". Hispano Europea. Barcelona.

Pero el carácter de los mismos no encierra la coartación de procesos creativos, simplemente *"proporcionan dirección al comportamiento y reducen incertidumbre en la toma de decisiones"*[111], más bien elaboran condiciones para ahorrar atención y abrir la puerta a dichos procesos.

El mensaje que contengan los principios, será liberador siempre y cuando se ajuste a las capacidades de los que tienen que respetarlos, conecte con sus emociones. Del mismo modo, pueden llegar a incapacitar si no van fijados a las aptitudes de los deportistas. De nuevo, nos encontramos en pleno reconocimiento de las facultades de los futbolistas como eje de la descripción del modelo de juego. Nos topamos de frente, con la evidencia de que toda construcción se somete al descubrimiento del recorrido desde lo que mejor hacen, hasta lo mejor que pueden llegar a hacer. Vilipendiar sus patrones conductuales, reprimir la satisfacción de sus necesidades, únicamente nos entrega un colectivo con las perspectivas comprimidas y confusas.

---

111   Mateo, J. y Valle, J; (2007). "El trabajo dignifica...y cien mentiras más". LID. Madrid.

4.1.- Estructura y caracterización funcional del modelo del F. C. Barcelona[112]

Características generales del modelo

"El equipo de Guardiola combina la posesión con la presión. O la tenemos o morimos por tenerla, esa sería una de sus máximas. Con la presión de los delanteros, además, se puede robar la pelota en una zona muy peligrosa para los rivales, acortando el campo" (Santi Nolla, en El Mundo Deportivo).

Existen dos clases de equipos, aquellos que se ordenan a través de la pelota, y los que se desordenan buscándola. Ahí radica la primera característica del Barcelona actual. Guardiola sabe que la *"pelota es quien ordena a los equipos"[113]*. Esto resalta la principal particularidad del juego de este equipo: hacen un uso casi abusivo de la posesión del balón y tienen, en consecuencia, un correcto juego posicional. Aunque podríamos decir también, en consonancia con la lógica de la recursividad organizacional, que tienen un buen juego posicional porque le dan importancia a la posesión del balón.

Seidou Keita, jugador malí del club catalán, manifestaba, al poco tiempo de incorporarse a la disciplina del Barça, que el estilo de juego *"es diferente del de todos los clubes en los que he jugado antes. En otros clubes los jugadores corren mucho, pero aquí quien corre es el balón. Hay que estar siempre en tu sitio"[114]*, sosteniendo que, *"no vas a buscar el balón, el balón te viene a ti"[115]*.

---

112 La estructura que del análisis de la organización del Barcelona, tiene su base en la que sigue el profesor Juan Antón, en sus obras relacionadas con el balonmano, "Análisis evolutivo, estructural y funcional del sistema defensivo 6:0 y 5:1", la primera editada por el Grupo Editorial Universitario en el año 2004, y la segunda por el propio profesor titular de la Universidad de Ciencias de la Actividad física y Deporte de Granada en 2006.

113 Declaraciones en rueda de prensa el 30 de Noviembre de 2008.

114 Entrevista concedida al Diario Sport, el 13 de Octubre de 2008.

115 Declaraciones al Mundo Deportivo, el 20 de Noviembre de 2008.

Cabe destacar, que la circulación del balón, el conducir para provocar la aparición de hombres liberados de oposición, se realiza de tal forma que los diferentes jugadores se van aproximando, se unen como partícipes alrededor del balón. En ningún momento, pierden el rigor posicional, a pesar de que los extremos, cada vez con más frecuencia, amplían su espacio de intervención, bien para recibir en espacios cercanos al eje longitudinal, o para permitir la presencia de los laterales (fundamentalmente Álves). Sobrevaloran el uso del pase sobre espacios interiores (de ahí la alineación de dos centrocampistas avanzados), para, aprovechando la propensión de los defensores a cerrar espacios internos al bloque defensivo, acondicionar las recepciones en situaciones ventajosas de los extremos, o bien para abrir intervalos para las penetraciones del delantero, o de los medios avanzados.

Para que el proceso de construcción de situaciones de ataque y finalización sea consecuente, evitan acciones precipitadas, ya que "perder el balón de cualquier manera", no sólo interrumpe la intervención en fase de ataque, sino que condiciona la futura actividad defensiva. En este sentido, siempre procuran que el equipo juegue unido, que entre las diferentes líneas y jugadores que las componen haya distancia eficaz de participación inmediata.

Tal y como hemos comentado, el hecho de "demorar" las acciones, mediante secuencias de pases altamente ordenadas, concentra complicidades en torno al balón.

En caso de pérdida de la pelota, priorizan su recuperación inmediatamente a la privación de la misma. Como circunstancias indisociables, la forma de atacar determina la elección del perfil de organización defensiva. Si la aparición de jugadores, en un número importante, a espacios cercanos al área contraria les caracteriza cuando atacan, les resulta mucho más sencillo y económico intentar la recuperación allí donde mayor número de jugadores acumulan.

La finalidad es obvia: que a pesar de estar en posesión del balón, el contrincante vea reducidas temporal y espacialmente sus posibilidades de avanzar. Tener el balón, no siempre indica que te sientas atacante, que tengas la iniciativa. Ésta es conferida si creas las condiciones precisas para asegurar la progresión y así poder llevar peligro sobre el área contraria.

El carácter abierto de dicha actividad defensiva, fundamentado en el ataque permanente al poseedor del balón y a los receptores potenciales más cercanos al mismo, además de exigir un elevado dominio de las variables del acoso, especialmente las relacionadas con la orientación y la velocidad del desplazamiento previo a la manifestación de esta conducta, origina un aparente desorden que para ellos es una forma extraordinaria de estar ordenados, es decir, dichas conductas, a pesar de no tener una base estructural y geométrica evidente, llevan una simetría subyacente claramente comprobada.

Además, consideran, ante la superación de esas primeras líneas de fuerza, la posibilidad de detener mediante acciones antirreglamentarias, la progresión del balón y los jugadores hacia las inmediaciones de su portería.

La interpretación de esa engañosa desorganización, que se provoca cuando buscan la pelota nada más perderla, requiere un alto espíritu colectivo, ya que el ajuste simultáneo de intervenciones resultará clave para el éxito de dicha actividad. De todos modos, al no existir incoherencia organizacional (que es lo que disocia el juego en ataque y defensa, es fácilmente identificable el hecho de que muchos jugadores de este equipo utilizan los mismos espacios cuando tienen el balón, que para reconquistar el mismo), todo se realiza con relativa facilidad.

Detrás de esas primeras líneas de presión, se ubican los jugadores que no se incorporaron, y que impiden que los atacantes más adelantados puedan asegurar posibilidades cómodas de transición. Obstruir penetraciones detrás de ellos y facilitar, mediante el retroceso pertinente, la recomposición del bloque defensivo, caracterizan el funcionamiento en este sentido. Este bloque, deja espacio a su espalda, por lo que su participación, en palabras de Rafa Márquez, uno de los implicados, *"exige una gran coordinación, aunque hay confianza por el enorme compromiso de los jugadores. He aprendido a colocarme bien para anticiparme y ganar metros a jugadores más rápidos. No es fácil porque cada equipo es diferente"*[116].

Si la recuperación del móvil se hace efectiva, la primera intención es aprovechar los espacios abandonados por el rival para ocuparlos a la mayor brevedad. Si no existe plena seguridad de éxito, mantienen el balón hasta que cada jugador recupera su posición.

Esto recalca el respeto a la constitución de las diferentes oleadas del contraataque. Cuando no hay garantía con los primeros jugadores que se desplazan, mantienen la pelota hasta que el equipo vuelve a adquirir sentido posicional, se reequilibra.

Si, por el contrario, la presión no resultó eficiente y no se consiguió el balón, la reorganización se produce instantáneamente. Repliegan el máximo número de unidades, privilegiando, una vez instalados en los pertinentes espacios específicos, la recuperación del balón, como objetivo primordial, por encima de evitar la progresión. Su actitud nunca es de espera, nunca se someten a los criterios de los equipos adversarios. Mantienen una forma de defender basada en la manifestación de medios activos, con una enorme predisposición a evitar recepciones cómodas de algún jugador, le condicionan enormemente la toma de decisiones. Orientan las posibilidades de progresión del contrario, por medio de disuasiones de pase sobre espacios que permitan los cambios en el sentido de la circulación y, por arrastre disminuyan la densidad de jugadores en torno al poseedor, le hostigan, hasta que el esférico vuelve a pertenecerles. Son constantes los 2x1 sobre el portador del balón, así como otras formas de colaboración en pos de recuperarlo.

En general, estamos en condiciones de concretar que se trata de un modelo

---

116 Entrevista en Diario El País. 05 de Febrero de 2009.

que privilegia la elaboración paciente, que menosprecia la imprudencia en favor de la pausa, *"para dar tiempo a la sensibilidad y a la percepción para enviar ordenes correctas"*[117], que afilia a todos los jugadores a través del pase, consiguiendo que las transiciones sean menos traumáticas y, por consiguiente el juego indivisible. Le privan, al rival, de la sensación de apreciarse protagonistas, lo desordenan, le fraccionan el juego (para ellos casi no existe el ataque), les contraen la activación de sus principales maneras, les trasladan, por simple hipnosis, a un estado pusilánime, apocado, que los hace súbditos de lo fortuito, lo accidental.

ESTRUCTURA DE DISTRIBUCIÓN Y EMPLAZAMIENTO DE JUGADORES. DENOMINACIÓN DE PUESTOS ESPECÍFICOS

> *"... saber que en determinada posición hay un compañero, que desde el punto de vista geométrico hay algo construido en el terreno de juego que les permite adelantar la acción" (José Mourinho).*

Posiblemente, estamos ante el equipo que mejor definidas tiene las zonas de actuación de cada uno de los jugadores que conforman la estructura.

A nivel estructural, tal emplazamiento de jugadores, implica los espacios iniciales de intervención de cada uno de ellos, y su relación con los espacios del resto de compañeros en términos de anchura y profundidad.

De ahí nace el número de líneas y la distribución de cada jugador dentro de las mismas (puesto específico).

Esa disposición inicial de las líneas de juego y puestos específicos, tanto en su dimensión de anchura como de profundidad, lleva intrínseca la valoración de ocupación de unos espacios por encima de otros.

---

117   Chillida, E; (1997). Entrevista extraída de www.elmundo.es/larevista. N° 94. Agosto1997.

La sobrevaloración de determinados espacios, lleva consigo la existencia de otros minusvalorados, a los que se les concede menor importancia al ser de menor utilización cuando el funcionamiento del sistema está en marcha.

Como podemos ver, en la figura 5, el Barcelona forma cuatro líneas, dispuestas en 2-3-2-3, con los centrales distribuidos en anchura, los laterales junto al medio centro retrasado, seguido de los dos medios avanzados, para terminar con los extremos y el delantero, ofreciendo el máximo de profundidad y anchura, como línea más adelantada.

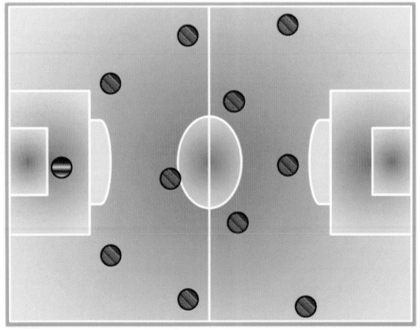

Figura 5 Emplazamiento inicial de los jugadores en el Barcelona

Apreciamos, que los espacios más críticos pueden ser los que tienen detrás los laterales, los habidos a ambos lados del medio centro retrasado, además de los que dejan a su espalda la pareja de centrales. No obstante, el funcionamiento del sistema hace que sean contadísimas las ocasiones en las que los equipos contrarios han ocupado esos espacios en condiciones propicias para llevar peligro contra la portería de Víctor Valdés.

OBJETIVOS PRIMORDIALES DEL MODELO Y PRINCIPIOS FUNDAMENTALES DE FUNCIONAMIENTO

A continuación, vamos a distinguir, que no a desarticular, los objetivos por subfases del juego. Empezaremos por cómo desarrollan la organización defensiva, una vez que dejan de ser propietarios momentáneos del dominio del balón, para más tarde adentrarnos en la forma en que se organizan defensivamente cuando no han logrado recuperar el esférico con celeridad, seguido de objetivar sus intenciones toda vez que la pelota vuelve a su poder y existe viabilidad para encontrar situaciones de gol directamente (sus posibilidades de contraatacar), completando el análisis con la descripción de los patrones básicos de su ataque organizado, que, aunque estamos de acuerdo en la integridad del juego, en que nada es más importante que nada, para este equipo es la peana sobre la que se sustenta el resto de manifestaciones conductuales colectivas.

A su vez, vamos a atender a los objetivos secuenciales del juego[118] para exponer los objetivos esenciales del fútbol azulgrana y sus principios inherentes.

Esta forma de constituir el estudio de la concepción del juego del F. C. Barcelona, no debe llevarnos al error de considerar que esas divisiones reflejan el total de la realidad, ya que únicamente lo hacen una vez comprendido el fenómeno desde una perspectiva holística, tal y como hemos reflejado con la definición de las características generales, así como a lo largo de la obra. Caeríamos en un grave error si no reconocemos, si no advertimos, la pauta conectadora de estas formas aisladas de práctica.

Tal es así, que previo al inicio de su despliegue, vamos a simbolizar mediante el siguiente cuadro, el ciclo del juego completo, las relaciones

---

118   Para el profesor Juan Antón serían, construir acciones ofensivas, crear situaciones de finalización y concluir con éxito dichas acciones, en ataque, mientras en defensa, habla de evitar la construcción de situaciones de ataque, impedir la creación de situaciones de finalización y evitar que se concluyan con éxito. Para su mejor asimilación, les recomendamos la lectura de sus libros: "Táctica grupal ofensiva", editado por Gymnos en 1998, y "Táctica grupal defensiva", publicado en 2002 por el Grupo Editorial Universitario.

entre las subfases, los objetivos deseados en cada una de ellas, y algunos de los principios referenciales que reglamentan los estados funcionales de la organización que nos concierne.

La propia esquematización, ya indica que el juego no puede ser atomizado, que su entendimiento debe cimentarse en la mirada sistémica, aquella que nos incita a buscar explicaciones a partir de las relaciones que irreparablemente se dan entre sus apariencias.

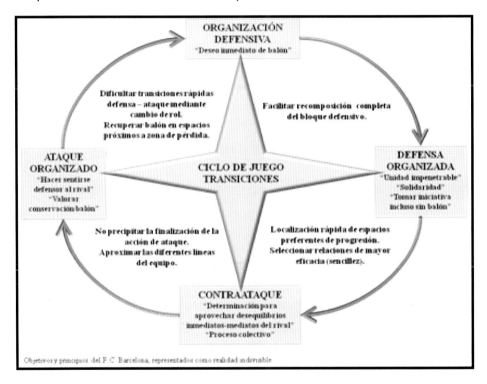

Objetivos y principios del F. C. Barcelona, representados como realidad indivisible

A.- Rasgos estables durante la Organización Defensiva[119]

El sentimiento que rige al equipo en el momento de la pérdida de balón, es el de su recuperación urgente mediante medios activos.

---

119 La definición de las regularidades en esta subfase ha sido responsabilidad, en un alto porcentaje del contenido de la misma, de Antonio Barea Villegas, colaborador indispensable para que estas páginas pudieran ser lo que son en el presente.

Si partimos de cómo ataca, podemos deducir que en el momento de perder el balón, el grupo de jugadores cercanos al mismo es numeroso, lo que facilita, adoptando una serie de comportamientos bien ajustados, la reconquista de la posesión de la pelota.

Como ya dijimos anteriormente, la obsesión por no conceder tiempo al rival para organizar su ataque, al evitar que se despliegue con desahogo, se percibe una estructura adelantada (la que busca la recuperación directa) "deformada", sin una aspecto simétrico, pero con una morfología congruente con su finalidad.

La idea, es sustraer el balón al rival cerca de donde ellos la recuperaron. Por ello, disuaden toda relación que suponga, lateralmente o en profundidad, la superación del bloque adelantado.

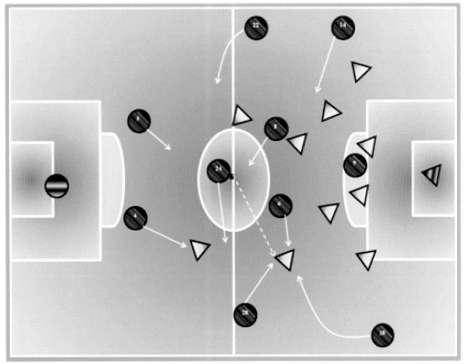

Predisposición inmediata a recuperar el balón tras perderlo.

Cuando la coordinación de las intenciones no se regula en tiempo y forma, y el equipo atacante esquiva la presión, los defensores que no se incorporaron, es decir, que no son componentes de ese subsistema avanzado, procuran el retroceso de los compañeros superados, mediante disuasiones que encierran al jugador con balón, sobre un pasillo lateral, incomunicándolo del máximo número de colaboradores posibles. La última línea, suele alternar sus conductas en base a la posibilidad de aplicar el fuera de juego. O retroceden hasta distancia eficaz de lanzamiento, o, por el contrario, se adelantan siempre y cuando perciban que el desmarque de los atacantes más adelantados no se adapta a las posibilidades del pasador, quedando inhabilitados.

Las tareas disuasorias, suele realizarlas el medio centro retrasado, jugador que debe, además, de percibir si el desequilibrio es máximo para detener el juego, si las circunstancias así lo aconsejan.

Medio retrasado encierra a poseedor y centrales impiden penetraciones retrocediendo.

Si los atacantes logran mantener la continuidad de las acciones ofensivas, la predisposición de los futbolistas que fueron superados es máxima, respecto a poder recobrar posiciones que faciliten las ayudas defensivas. Por eso, el sentimiento de utilidad "a medio plazo" es determinante. Por lejano que esté del balón, debo seguir esforzándome por llegar a poder asistir a los compañeros que soportan las ofensivas de los adversarios.

Durante esta resistencia, habrá que mostrar especial atención a aquellas conductas que lleven consigo la posibilidad de remate inmediato, "permitiendo", en cierto modo, todas las intervenciones que alejen a los contrarios de nuestra portería, algo que jugará a favor del retorno de nuestros compañeros.

A continuación, y al acabar de definir cada una de las subfases, vamos a anexar unas tablas que sintetizan los contenidos de las mismas, con el objeto de llevar a cabo el conocimiento preciso de las regularidades del Barça.

ORGANIZACIÓN DEFENSIVA			
EVITAR LA CONSTRUCCIÓN DE SITUACIONES DE ATAQUE (Dificultar transiciones rápidas defensa – ataque del rival).			
OBJETIVOS GENERALES	PRINCIPIOS DE FUNCIONAMIENTO	MEDIOS PARA SU DESARROLLO	PROTAGONISTAS
- Intentar recuperar el balón inmediatamente a la pérdida del mismo, impidiendo relaciones sobre espacios contrarios al lugar donde se pierde. - Evitar ser desbordado. - Evitar la superación del primer grupo de presión, sobretodo, por espacios cercanos al eje longitudinal. -Anular, retardar, las posibilidades inminentes de progresión, a través de acosar al poseedor del balón y a receptores potenciales.	-Predisposición inmediata a cambiar de rol. -Voluntad para acosar a pares e impares de manera sostenida y sistemática. "Deseo de balón". -Tomar conciencia de que si me desbordan comprometo al resto de compañeros (responsabilidad). Dominio del 1x1 en todos los puestos específicos. -Voluntad para ayudar al compañero que se opone al poseedor del balón. -Familiarizarse con el hecho de que la actividad defensiva es colectiva. -Predisposición permanente a interceptar. -Dominio de las trayectorias disuasorias durante la carrera de aproximación para hostigar. -Valoración del eje longitudinal del campo como referente para organizarnos. -Sentimiento de utilidad inmediata y mediata.	-Acoso a pares e impares. -Basculación. -Cobertura. -2x1 Defensivo. -Detener el juego. -Acoso (ajuste de velocidad de aproximación a circunstancias concretas). -Disuasión. -Basculación. -Cobertura. -2x1 Defensivo. -Detener el juego.	Extremos, delantero, medios avanzados y medio retrasado. Extremos, delantero, medios avanzados y medio retrasado.

ORGANIZACIÓN DEFENSIVA			
EVITAR LA CREACIÓN DE SITUACIONES DE FINALIZACIÓN (Interrumpir ejecución eficaz de contraataques)			
OBJETIVOS GENERALES	PRINCIPIOS DE FUNCIONAMIENTO	MEDIOS PARA SU DESARROLLO	PROTAGONISTAS
-Facilitar la recomposición del bloque defensivo, orientando, para minimizar sus posibilidades de pase, al director del contraataque, y mediante el retroceso, hasta distancia eficaz de lanzamiento, de la última línea defensiva. -Descentralizar el juego de ataque, dirigiéndolo hacia los lados. -Evitar ser desbordado o superado por una penetración.	-Dominio de las trayectorias disuasorias durante la carrera de aproximación para acosar. -Valoración de la profundidad defensiva tomando como referente agrupador al eje longitudinal del terreno de juego. -Prohibición de penetraciones que superen la última línea defensiva. -Sentimiento de utilidad inmediata y mediata. -Tomar conciencia de que si soy desbordado comprometo al resto de compañeros (responsabilidad). Dominio del juego 1x1 en todos los puestos específicos. -Sentimiento de ayuda defensiva constante (solidaridad).	-Disuasión. -Control del oponente durante desplazamiento de retroceso. -Interceptación. -Detener el juego. -Acoso (ajuste de la velocidad de aproximación a circunstancias concretas). -Detener el juego.	Medio retrasado, lateral y central. Medio retrasado, lateral y central.

ORGANIZACIÓN DEFENSIVA			
EVITAR LA FINALIZACIÓN CON ÉXITO			
(Proteger espacios significativos de finalización)			
OBJETIVOS GENERALES	PRINCIPIOS DE FUNCIONAMIENTO	MEDIOS PARA SU DESARROLLO	PROTAGONISTAS
- "Rechazar" las posibles penetraciones de atacantes que buscan espacios detrás de la última línea defensiva.	-Priorizar profundidad defensiva, excepto si el atacante incurrió en fuera de juego y su compañero aún no se relaciono con él.	-Control del oponente durante el desplazamiento de retroceso.	- Medio retrasado, lateral y central.
- Evitar ocupaciones espaciales ventajosas para finalizar acciones de ataque (ocuparlas previamente).	-Intención permanente de proteger portería.	-Inhabilitar.	- Medio retrasado, lateral y central.
- Evitar continuidad en las acciones del ataque rival derivado de la captación de rechaces.	-Dominio de las variables del marcaje.	-Control del oponente en zonas de finalización.	- Todo el colectivo.
	- Perseverancia para replegar a pesar de estar alejado respecto a la posición del balón.	-Obstrucción de trayectorias de lanzamiento.	
	-Interpretación de indicios en cada acción de rechace.		

B.- Funcionamiento en Defensa Organizada

Como norma general, casi la totalidad de los equipos, además de ser tendentes a retroceder de manera inminente cuando pierden la propiedad del balón, consiguiendo así que el grupo esté al completo por detrás de la pelota, adoptan un proceder reactivo cuando quieren recuperarla.

Los medios activos, llevan tácitamente un riesgo evidente, concretamente cuando se producen desajustes entre los intervinientes, aunque su correcta emisión extiende el protagonismo. Llevar la iniciativa, incluso cuando no se dispone del móvil con el que se juega, es un acto atrevido, pero, de igual forma, es una manera inteligente de defender, a la vez que solidaria.

Cuando el equipo de Guardiola se encuentra inmerso en esta subfase, no se conforma con que el rival no progrese, no aguarda al error de sus jugadores, los Xavi, Touré, Álves, Messi y compañía, lo provocan, quieren el balón, necesitan manipularlo, puesto que con él exhiben sus mejores recursos.

Xavi acosa a central, indicando con gesto que cambia de oponente directo.

Es estimulante saberse ingenioso hasta cuando no se dispone de la pelota. Trabajar de ese modo, eleva la condición del jugador.

Desde que los adversarios se hacen con el balón, las pautas a seguir están relacionadas con malograr cualquier acción cadenciosa. Dirigen la progresión sobre los espacios menos conflictivos, anulando aquellas líneas de pase de mayor lógica para avanzar, se liberan de sus oponentes directos para ir a arrebatar el esférico al que lo traslada, apareciendo por fuera de su campo visual. Las cooperaciones defensivas son constantes, en todos los espacios, provocan numerosos errores de pase, contaminan la precepción, le recortan segundos a la toma de decisiones del que tiene que juzgar la operación más conveniente, le entorpecen la ejecución.

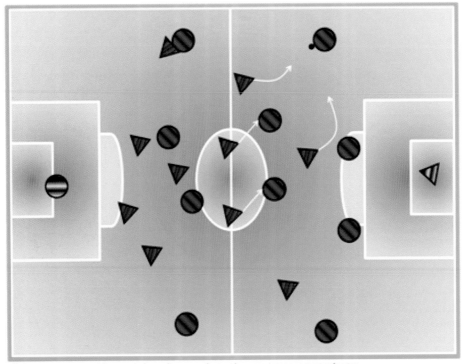

Delantero orienta ataque del equipo rival y medios avanzados impiden recepciones a oponentes directos

Esta concepción defensiva, maneja la intención de los atacantes, consigue que éstos anden más atentos de lo que haces que de lo que pueden hacer con el balón ellos. Resulta complicado, encontrar a algún atacante con ventajas posicionales, además de que cuando las adquieren, su compañero, el poseedor, tiene verdaderos problemas para relacionarse con él, ya que está impedido para recibir, se mueve excluido del juego.

Si la presencia de los rivales alcanza las inmediaciones del área, controlan los desmarques de penetración, se deslizan con los delanteros que irrumpen en busca del interior del área, o sea, acompañan su movimiento. Norma que suele alternarse con la de inhabilitarlos, toda vez que la incursión se produce con anterioridad a las posibilidades del compañero que debe mandarle el balón. Los centrales, especialmente Márquez, hacen una interpretación impecable de dichos momentos y las variables que los influencian.

El portero, Víctor Valdés, sabedor de dónde pueden estar las carencias de este tipo de funcionamiento, siempre enfoca su cautela a estos movimientos realizados por parte de los atacantes más cercanos a él.

Para provocar desaciertos en la circulación del balón del rival, es necesario reconocer cuáles son sus tendencias, quiénes son aquellos jugadores que condicionan sobremanera el estilo de juego, es decir, se hace inevitable el estudio de las características de los diferentes adversarios.

Del mismo modo, resulta imprescindible mantener una constante predisposición a mantenerse como unidad impenetrable, o lo que es lo mismo, ninguna conducta del oponente directo debe suponer la eliminación individual de la actividad defensiva. El control de los mismos es tan próximo en distancia, que las posturas activas, para evitar ser sorprendido ante cualquier desmarque, resultan indispensables. Es una forma de defender que tiene dependencia de las posibilidades creativas de los jugadores, por lo que la precisión de las acciones determinará el éxito en las mismas. Ajustar los procesos creativos individuales merece ser destacado como algo excelso, sobre todo, si se utilizan para una labor destinada a la recuperación del balón, algo, a priori, desagradable.

DEFENSA ORGANIZADA			
EVITAR LA CONSTRUCCIÓN DE SITUACIONES DE ATAQUE (Impedir progresión por espacios significativos y preparar la recuperación del balón).			
OBJETIVOS GENERALES	PRINCIPIOS DE FUNCIONAMIENTO	MEDIOS PARA SU DESARROLLO	PROTAGONISTAS
Orientar la construcción de las acciones de ataque del equipo rival en el inicio de las mismas, dirigiendo su actividad, mediante conductas disuasorias, hacia espacios y situaciones favorables para la recuperación del balón, tanto de forma directa, como por provocación de errores.	-Provocación de circulaciones de balón y jugadores sobre espacios inhabituales. Las intervenciones disuasorias adquieren categoría de principio. -Dominio de los medios reactivos defensivos. -Reconocimiento de las tendencias del rival.	Desplazamientos de acoso con trayectorias disuasorias. Ajuste de la velocidad para evitar ser superados. -Control de la oposición a distancia eficaz.	Delantero, extremo y medio avanzado.
Evitar relaciones por el interior del bloque defensivo. Impedir que los receptores se giren. Evitar superación líneas completas.	-Sentimiento de pertenencia al bloque defensivo (unidad funcional). -Valoración de la distancia entre líneas. -Ataque permanente al portador del balón.	-Disuasión de líneas de pase sobre jugadores cercanos al eje longitudinal. -Basculación y coberturas evitando intervalos.	Delantero, extremo y medio avanzado.
Impedir al poseedor pasar con comodidad.	-Predisposición constante a interceptar.	-Acoso, interceptación, desposeer.	Delantero, extremo y medio avanzado.
Asegurar la creación de superioridad numérica y posicional alrededor del balón.	-Espíritu solidario, para conseguir superioridades en torno al balón.	-Coberturas a los que presionan. -Control de oponentes. -Doblajes, 2x1,...	Delantero, extremo, medio avanzado y medio retrasado.

DEFENSA ORGANIZADA			
EVITAR LA CREACIÓN DE SITUACIONES DE FINALIZACIÓN (Dificultar la manifestación de medios que favorezcan posibilidades de desequilibrio).			
OBJETIVOS GENERALES	PRINCIPIOS DE FUNCIO-NAMIENTO	MEDIOS PARA SU DESARRO-LLO	PROTAGONISTAS
Impedir la creación de situaciones de superioridad numérica o posicional en espacios cerca-nos a nuestra área.	-Sentimiento solidario per-manente. -Dominio de medios gru-pales activos y reactivos.	-Basculación. -Cobertura. -2x1 Defensivo en espacios y ante jugadores concretos. -Cambios de oponente o Des-lizamientos ante incorporaciones que alteran nuestra estabili-dad posicional. -Doblaje.	Todos los puestos específicos.
Evitar ser des-bordado o superado por desmarques de penetración.	-Dominio de las variables del acoso. -Sentirse in superable.	-Acoso. -Control del oponente que penetra.	Todos los puestos específicos.

ORGANIZACIÓN DEFENSIVA			
EVITAR LA FINALIZACIÓN CON ÉXITO			
(Proteger espacios significativos de finalización)			
OBJETIVOS GENERALES	PRINCIPIOS DE FUNCIONAMIENTO	MEDIOS PARA SU DESARROLLO	PROTAGONISTAS
"Rechazar" las posibles penetraciones de atacantes que buscan espacios detrás de la última línea defensiva.	-Priorizar profundidad defensiva, excepto si el atacante incurrió en fuera de juego y su compañero aún no se relaciono con él.	-Control del oponente durante el desplazamiento de retroceso. -Inhabilitar.	Medio retrasado, lateral y central.
Evitar ocupaciones espaciales ventajosas para finalizar acciones de ataque (ocuparlas previamente).	-Intención permanente de proteger portería. -Dominio de las variables del marcaje.	-Control del oponente en zonas de finalización. -Obstrucción de trayectorias de lanzamiento.	Medio retrasado, lateral y central.
Evitar continuidad en las acciones del ataque rival derivado de la captación de rechaces.	- Perseverancia para replegar a pesar de estar alejado respecto a la posición del balón. -Interpretación de indicios en cada acción de rechace.		Todo el colectivo.

C.- Desarrollo del contraataque

La primera intención del equipo, en el momento de la recuperación, es buscar a la mayor brevedad y en las mejores condiciones, sacar el balón de los espacios donde fue intervenido. Cualquiera de los jugadores tiene la capacidad suficiente para consumarlo correctamente.

Sacar lateralmente el balón de zonas densificadas para poder contraatacar

Una vez conseguido esto, los compañeros mejor capacitados para dirigir el contraataque se prestan de manera inmediata, aunque, a diferencia de otros equipos, en los que si existen futbolistas encargados para estas acciones, en el Barça el criterio es encontrar al mejor emplazado para desarrollar dicha tarea.

La primera oleada la suelen constituir aquellos jugadores que, en el momento de volver a tener la pelota, más adelantados se encontraban.

A través de desmarques, de posesión para asegurar la transición y la constitución de oleadas futuras, ó, de penetración si existe espacio detrás de los últimos defensores, los puntas y extremos facilitan la labor del que conduce las operaciones.

Saben localizar aquellos espacios preferentes para progresar, realizan un elevado ajuste entre los diferentes movimientos, para de esa forma no ocupar los mismos espacios de manera simultánea. Etoó, es el jugador que mayor determinación tiene para penetrar, siendo el futbolista que más valora la profundidad como criterio de progresión.

Este hecho, facilita que los compañeros que se están incorporando perciban con mayor nitidez aquellos espacios resultantes del comportamiento del camerunés. Así, cada uno de los intervinientes, se reconoce perfectamente en el proceso. La velocidad de ejecución del contraataque es aquella que permite su desarrollo eficaz, no se reduce a términos cuantitativos. A veces, un retroceso, un pase de más, o frenarse, proporciona las condiciones idóneas para aprovechar los desequilibrios desmedidos del rival, alinea favorablemente una buena cantidad de las posibilidades de concluir con éxito.

La no precipitación consigue, a su vez, que los jugadores dispongan de tiempo para acompañar la jugada, pudiendo ser elementos que constituyan la segunda oleada, o, si el equipo contrario se reordenó, poder asegurar el mantenimiento del balón y el desenvolvimiento en ataque organizado.

La idea es estar siempre próximos, como ya hemos ido advirtiendo anteriormente.

Cuando tienen posibilidades de llegar rápido a la portería rival, la interpretación de los momentos para conducir, para pasar, la clarividencia para ocupar equilibradamente los espacios disponibles, la capacidad para adivinar la zona por donde se podrá acceder a los espacios de finalización, aunque temporalmente parezcan clausurados, son dignos de mención. Durante esta campaña, aunque en contadas ocasiones por la propia organización, hemos asistido a contraataques dignos de ocupar ámbitos enciclopédicos, dada su armonía en cuanto a la coordinación entre el conductor del balón y las oportunidades de decidir correctamente que le iban concediendo aquellos atacantes por medio de sus desplazamientos conciliados.

Del mismo modo, es elogiable el hecho de que, si las probabilidades no son máximas, no entregan sus soluciones a la urgencia, sino que ralentizan la acción hasta procurar apoyos potenciales, para así no regalar su bien más preciado: el balón.

De este modo, pasan a ocupar sus puestos específicos y, con ello, vuelven a sentirse protagonistas preferentes de los acontecimientos venideros.

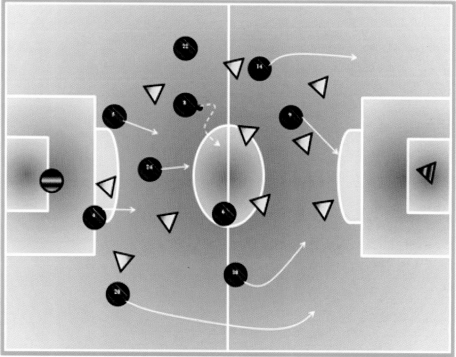

Ocupación equilibrada de los espacios. Para facilitar ejecución del contraataque

CONTRAATAQUE			
CONSTRUCCIÓN DE SITUACIONES DE ATAQUE			
(Asegurar relaciones que permitan continuidad).			
OBJETIVOS GENERALES	PRINCIPIOS DE FUNCIONA-MIENTO	MEDIOS PARA SU DESARRO-LLO	PROTAGONISTAS
Buscar de manera eficiente a aquellos compañeros más capacitados y/o mejor emplazados para asegurar la dirección del contraataque.	-Reconocerse dentro del proceso de contraataque, ajustando las diferentes intervenciones a las capacidades propias. -Valorar la profundidad como primer criterio de progresión.	-Relaciones seguras tras la recuperación del balón. -Desmarques de posesión y penetración.	Todos los puestos específicos.
Asegurar la constitución de la primera oleada.	-Dominio de trayectorias útiles de desmarque. -Dominio de la ocupación equilibrada de los espacios. -Interpretación colectiva de los ajustes desmarques-ocupación de espacios-posibilidades del pasador.	-Fijar como poseedor y arrastrar como compañeros del poseedor.	
Localizar espacios preferentes de progresión.	-Conocimiento de las regularidades durante la organización defensiva del equipo contrario.	-Desmarques de posesión y penetración.	
Facilitar su ocupación.	-Determinación para ocupar espacios de progresión.	-Arrastrar a oponente directo para facilitar espacios a compañeros.	

CONTRAATAQUE			
CREACIÓN DE SITUACIONES DE FINALIZACIÓN Y FINALIZACIÓN EXITOSA DE ACCIO-NES DE ATAQUE			
(Aprovechar desequilibrios durante la organización defensiva del rival).			
OBJETIVOS GENE-RALES	PRINCIPIOS DE FUN-CIONAMIENTO	MEDIOS PARA SU DE-SARROLLO	PROTAGO-NISTAS
Aprovechar el des-equilibrio defensivo momentáneo explo-tando los espacios entre unidades o detrás de los últi-mos defensores.	-Dominio del des-marque de penetra-ción. -Determinación para realizarlo. -Ajustar fijación, desmarques, pase.	-Desmarques con tra-yectorias que eviten el fuera de juego. -Fijar, pasar, arrastrar.	Delantero, ex-tremo y medio avanzado.
Ralentizar en caso de no poder explo-tar los movimientos de la primera olea-da, para ampliar las posibilidades de los apoyos po-tenciales de los que constituyen la se-gunda oleada.	-Determinación para constituir segunda oleada. Acompañar la jugada.	-Desdoblar, circulación de jugadores que impli-quen proximidad para acciones posteriores.	Todos los puestos espe-cíficos.
Prolongar posesio-nes en caso de no existir posibilidades notorias de pene-trar.	-Valorar la conser-vación del balón. No precipitar la finalización de las acciones.	-Protección del balón. Desmarques de pose-sión.	
Permitir que el equipo se aproxi-me para mantener posesión de balón. Paso a ataque or-ganizado.	-Mantener una pre-disposición absoluta a aproximarse al poseedor del balón. Juntar líneas.	-Circulación de jugado-res que impliquen proxi-midad para acciones posteriores.	

D.- LA ORGANIZACIÓN DEL ATAQUE ELABORADO

Si por algo destaca el género futbolístico del Barça, si algo lo identifica, eso es, sin lugar a dudas, su juego de ataque. Para ellos, la pelota es quien ordena a los equipos, así que elevan a su máxima expresión esa convicción.

Esta subfase de ataque organizado, combinativo o elaborado como también se suele denominar, es en la que el equipo de Guardiola pasa el mayor número de minutos durante los partidos.

Los conjuntos adversarios, suelen replegarse, acumulando a la gran mayoría de sus jugadores por detrás del balón, cerrando su dispositivo defensivo y sellando las inmediaciones del área.

Con estas circunstancias, que se repiten prácticamente en cada partido, los porcentajes de posesión llegan a ser del 75-80% del total.

Si a esto le unimos, que el equipo blaugrana, cada vez que encuentra impedimentos inmediatos para poder evolucionar en el campo, retrasa el esférico con la finalidad de volver a hilar la acción, son múltiples las ocasiones en que el horizonte nos muestra a un equipo replegado sobre su propio campo, con las líneas muy unidas, y otro, el Barça, con la exigencia de tener que destejer dicha maraña.

La circulación del balón *"es el medio táctico fundamental en el desarrollo del juego posicional"*[120], por tanto, este medio cobra mayor sentido en un club que privilegia dicho juego de posición. La cadena de pases del Barcelona sigue siempre una lógica racional, nunca se pasa por pasar, sino que cada transmisión del balón, de un compañero a otro, lleva intrínseca la posibilidad de desarticular el engranaje defensivo, o de forma inminente, o en futuras maniobras.

Conservan el balón, aseguran equilibrio en los apoyos, es decir, el portador

120   Antón, J; (1998). "Táctica grupal ofensiva. Concepto, estructura y metodología". Gymnos. Madrid.

del mismo siempre tiene suficientes posibilidades garantizadas de pase, provocando *"la movilización y desequilibrio del adversario, y la explotación de estos desequilibrios"*[121].

Para ello, los centrales buscan conectar con los medios avanzados, jugadores encargados de conferir sentido a la organización ofensiva del equipo. Estos futbolistas, buscan espacios desocupados, o detrás de la línea adversaria más avanzada, o aprovechando áreas liberadas por la oscilación colectiva de los adversarios. Su ubicación suele ser escalonada. En caso de no encontrar dichas condiciones, se trasladan, con el balón controlado hasta provocar la aparición, eximida de oposición, de algún compañero que garantice la continuidad.

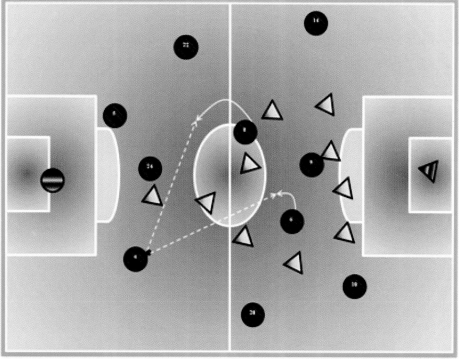

Centrales conectan con medios avanzados para dar continuidad a las acciones de ataque

---

121   (Ibíd).

Cada vez que algún central abandona su puesto específico, es el medio retrasado el que se encarga de acoger sus responsabilidades mientras se ausenta.

Piqué conduce para provocar aparición de compañeros liberados.

Otro de los recursos, originado en las botas de los centrales, es el pase sobre el extremo más alejado a su ubicación, que espera situado en anchura máxima. Con esta relación, efectuada periódicamente por Márquez, se persigue el restar eficacia a la basculación, buscar el lado débil del sistema defensivo del equipo contrario.

Durante la manifestación de este hecho, se suelen abrir intervalos entre unidades defensivas, derivados de posibles desajustes en la basculación, algo que suelen aprovechar los medios avanzados y el delantero para penetrar a través de los mismos.

En definitiva, la intención primaria no es otra que la de superar las primeras estructuras de oposición mediante recepciones por el interior del propio esqueleto defensivo. Tanto Piqué como Márquez tienen una habilidad especial para encontrar dicha vías de progresión.

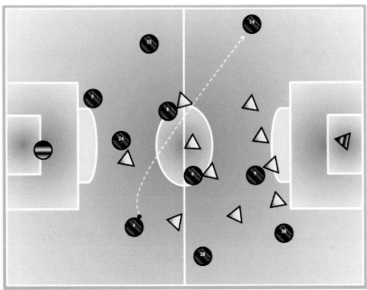

Centrales buscan a los más alejados para restar eficacia a la basculación del bloque defensivo rival

El último recurso utilizado, tiene que ver con la ampliación del espacio de intervención de extremos o delanteros para recibir en dichos sectores. La acción se suele encadenar con jugar de frente sobre los centrocampistas encargados de la distribución del balón.

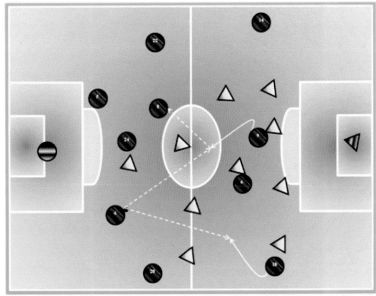

Extremo y delantero aseguran progresión mediante desmarques sobre el interior del bloque defensivo

Si la intervención del extremo es seguida de cerca por su oponente directo, el lateral atacante (algo que permanentemente realiza Álves), suele aprovechar el espacio concedido para convertirse en asistente de los jugadores más cercanos a la portería antagonista.

El movimiento de apoyo del delantero puede conceder un intervalo al medio avanzado, siempre y cuando el central opositor sea arrastrado en esa carrera de traslación.

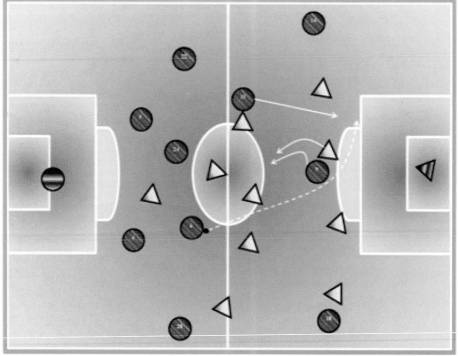

Medio avanzado aprovecha espacio generado por la movilización del central a cargo del delantero para penetrar

Conseguida la posesión en esos dominios, la conexión con los jugadores exteriores se agiliza. Éstos pueden obtener la pelota en condiciones muy favorables, para, o bien emprender una acción individual, o favorecer superioridades en lugares adyacentes a la meta contraria. Las superioridades se evidencian mediante la explotación de intersticios (a través de la incursión de medios avanzados, delantero o extremo alejado), o por la aparición de los laterales que desdoblan a sus compañeros colindantes en profundidad.

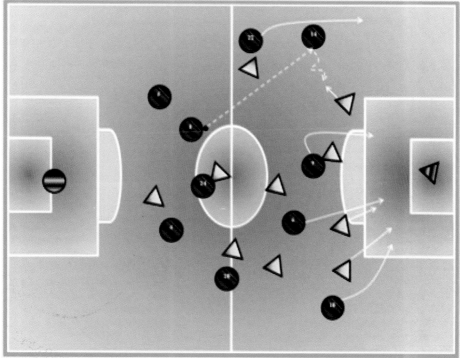

Posibilidades de desequilibrio predominantes en el F C Barcelona

En casi la totalidad de los casos, los jugadores que aparecen sobre las superficies de mayor conveniencia para la finalización de las jugadas de ataque, lo realizan de manera ordenada (no olvidemos que la jugada les llevo hasta ahí), localizando la mejor dirección para no perturbar el desplazamiento de otro compañero, o sea, casi nunca ocupan al mismo tiempo el mismo espacio.

Pero es el funcionamiento del subsistema que forman Álves y Messi, el que mayor participación e influencia adquiere en fase de ataque. El extremo argentino, continuamente está circulando hacia espacios próximos a Etoó, perfilándose sobre su pierna hábil. Esto es algo que deben de ajustar bien los oponentes, porque, de lo contrario, Messi recibiría la pelota en zonas muy amenazadoras para los contrincantes. Si moviliza a su oponente, Álves se incorpora reconociendo perfectamente el momento para hacerlo.

Este subsistema depende, en gran medida, de las asistencias de Xavi y Márquez, de ahí su garantía de éxito. La atracción que ejercen las conductas de estos jugadores, lleva consigo que los compañeros del perfil contrario encuentren despejado el recorrido hacia el gol.

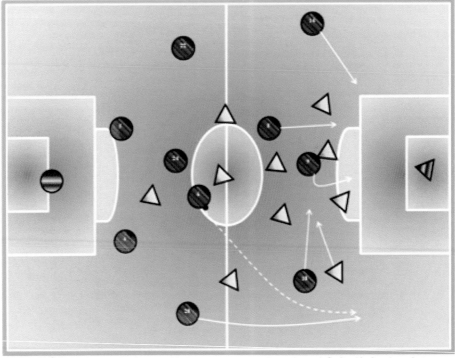

Irrupción de Álves sobre espacio descubierto por Messi y sus consecuencias relacionadas con la finalización de acciones de ataque

ATAQUE ORGANIZADO			
CONSTRUCCIÓN DE SITUACIONES DE ATAQUE (Progresión con superación de líneas defensivas).			
OBJETIVOS GENERALES	PRINCIPIOS DE FUNCIONAMIENTO	MEDIOS PARA SU DESARROLLO	PROTAGONISTAS
Superar primeras líneas de fuerza evitando errores por precipitación.	-Selección de relaciones más convenientes de forma segura. -Sentimiento permanente de progresión, de superación (no pasamos por pasar).	-Relacionarse valorando el riesgo. -Desmarques de posesión de jugadores situados por delante del balón (recepciones orientadas para acciones posteriores). -Conducciones.	-Centrales, laterales, medio retrasado, medios avanzados y extremos.
Buscar espacios significativos de progresión (jugar en campo contrario).	Sentimiento de apoyo potencial continuado.		
Adecuar posibilidades de conexión con jugadores cercanos al eje longitudinal, para facilitar recepciones significativas a los jugadores exteriores. Permitir incorporación de los laterales.	-Dominio de los desmarques de posesión por el interior del dispositivo defensivo. Recepciones y adaptaciones eficaces (protección del balón). -Ampliación lógica de los espacios de intervención. -Determinación para generar superioridades numéricas. -Reconocimiento del momento de crear y modo de resolver dichas superioridades.	-Desmarques de posesión, adaptación, protección del balón y pase como encadenamiento específico para el desarrollo de este principio. -Doblar.	-Centrales, laterales, medio retrasado, medios avanzados y extremos.

ATAQUE ORGANIZADO			
CREACIÓN DE SITUACIONES DE FINALIZACIÓN (Facilitar posibilidades de desequilibrio).			
OBJETIVOS GENERALES	PRINCIPIOS DE FUNCIONAMIENTO	MEDIOS PARA SU DESARROLLO	PROTAGONISTAS
Favorecer ventajas numéricas y espaciales en campo contrario.	-Dinamismo estable para localizar espacios de recepción. -Predisposición a beneficiar conductas a compañeros.	-Circulación de balón y jugadores (momentos).	
Crear condiciones propicias para desequilibrar en zonas cercanas a portería adversaria.	-Determinación para desbordar, o desistir a favor del pase. -Dominio de la protección del balón.	-Desbordar. -Pase y va. -Desdoblar. -Desmarques de posesión y de penetración.	
Permitir penetraciones sobre intervalos de últimos defensores.	-Reconocimiento constante de la dualidad benefactor/ beneficiario.	-Movilización de oponente directo en beneficio de entradas de compañeros. -Desmarques de penetración.	

ATAQUE ORGANIZADO			
FINALIZAR CON EFICACIA ACCIONES DE ATAQUE (Ocupación de espacios relevantes para el remate).			
OBJETIVOS GENERALES	PRINCIPIOS DE FUN-CIONAMIENTO	MEDIOS PARA SU DESA-RROLLO	PROTAGO-NISTAS
Incorporación del mayor número de jugadores al área de manera esca-lonada.	-Reconocimiento de la dualidad benefactor/ beneficiario. -Predisposición per-manente a superar al oponente directo.	-Movilizaciones en benefi-cio de otros compañeros. -Desmarques con trayec-torias que eviten el fuera de juego.	
Búsqueda persistente de jugadores que mani-fiestan conductas rela-cionadas con la finali-zación de las acciones de ataque.	-Reconocer espacios libres y momento de ocupación en área rival. -Sentimiento de ver-ticalidad, de peligro-sidad.	-Envíos sobre jugadores dispuestos a finalizar.	
Garantizar continuidad a partir de captación de rechaces derivados de las acciones ante-riores. Juntar al equipo en campo contrario.	-Avance simultáneo al de la pelota. -Sentimiento colectivo de unidad.	-Movimientos que reequi-libren incorporaciones de compañeros.	

4.2.- FUNCIONES ESPECÍFICAS DEL MODELO.

Aunque la exposición genérica de las características estructurales y funcionales del modelo de juego, ya aventura las funciones concretas, a raíz de la designación y búsqueda de la consecución de los objetivos, y la aplicación de sus principios regidores para alcanzar esos fines, procedemos a concretar una serie de competencias que resultan decisivas para responder a las exigencias concordadas. Son las demandas ante las que tienen que responder cada una de las líneas que conforman el equipo, así como las tareas particulares a desarrollar en cada uno de los puestos específicos.

Ya adelantamos, que dichas responsabilidades no tienen un carácter inductivo, no proceden del impulso singularizado del entrenador, de determinaciones aleatorias, más bien son patrones de conducta asentados en la construcción mental del propio ejecutor, el jugador correspondiente.

MISIONES GENERALES POR LÍNEAS DE JUEGO

A.- DURANTE LA ORGANIZACIÓN DEFENSIVA (MOMENTO DE PÉRDIDA DE BALÓN):

ESTRUCTURA MÓVIL Y MULTIFORME (bloque presionante adelantado).

Responsables de limitar temporal y espacialmente las opciones de construcción de situaciones de ataque en base a:

-Disuadir líneas de pase sobre zonas contrarias a aquellas donde se perdió la posesión y sobre espacios interiores al dispositivo defensivo (intervalos entre estructuras móvil y fija).

-Acosar para evitar primeros momentos de organización del contraataque, recuperar de manera directa (facilitar contraataque) ó forzar errores (recuperación indirecta).

-Replegar en caso de no tener éxito en la recuperación inmediata del balón, para recomponer el bloque defensivo y facilitar el desarrollo de la subfase defensa organizada.

ESTRUCTURA FIJA (no incorporados).

-Responsables de mantener al equipo unido para facilitar procesos futuros tanto en ataque como en defensa.

-Restar posibilidades de contraataque.

-Anular/retardar, a través de conductas disuasorias las posibilidades directas de progresión (descentralizar acciones de ataque).

-Posibilitar reestructuración del bloque defensivo.

-Detener el juego en casos de desequilibrio significativo.

B.-Durante la defensa organizada

1ª LÍNEA (Delantero).

-Evitar cambios en el sentido de la circulación (orientar la creación de situaciones de ataque del equipo contrario). Posibilidad, según circunstancias, de encadenar esta intención con la manifestación de 2x1 Defensivo en colaboración con extremo ante lateral con balón.

2ª LÍNEA (Medios Avanzados y Extremos).

-Evitar recepciones de Medios Centro, "permitiendo" la recepción del balón a los Laterales para facilitar la organización para la recuperación del balón.

- Prevenir la aparición de intervalos en anchura y profundidad, respecto a compañeros de la propia línea y de líneas colindantes.

-Acosar en circulación para evitar que futuro receptor quede orientado de frente a nuestra portería.

-Deslizarse (seguir al oponente directo) ó Cambiar de Oponente ante la incorporación de Lateral contrario (ser eficaces en esos espacios "novedosos").

3º LÍNEA (Medio retrasado).

-Evitar separación entre las diferentes líneas.

Responsabilizarse de las ayudas defensivas necesarias en ese intervalo entre líneas tales como:

-2x1 Defensivo en colaboración con Centrales ante recepción del Punta rival.

-Cambio de Oponente ó Deslizamiento ante la ausencia para manifestarlo del Extremo ó Medio Avanzado correspondiente.

- Reforzar espacios de intervención de Centrales ante envíos al área, ya sean frontales ó laterales.

-Doblajes ante compañeros colindantes en profundidad y Laterales superados.

4ª LÍNEA (Laterales y Centrales).

-Responsables de impedir circulaciones por detrás de la línea que conforman, mediante retrocesos y deslizamientos anticipados.

-Dejar en fuera de juego a los atacantes cada vez que sea posible.

-Controlar oposición ante inminente posibilidad de relación sobre desmarque de finalización.

-Acosar en circulación (seguir el desmarque, romper alineación) ante desmarque de posesión del par, siempre y cuando no implique posibilidad de ser movilizado/arrastrado.

-Cambio de Oponente y Deslizamiento ante incorporaciones de jugadores, jerarquizando este último medio grupal derivado de la proximidad respecto a nuestra portería del poseedor del balón.

C.- PARA CONTRAATACAR

1ª Oleada (constituida preferentemente por Puntas y Extremos cercanos al lugar donde se recupera el balón).

Explotar espacios detrás de los últimos defensores mediante:

-Desmarques de penetración, ajustados a posibilidades del pasador, utilizando trayectorias curvilíneas que permitan estar orientado para recepciones eficaces y evitar a su vez el fuera de juego.

- Movilización del par en beneficio de la penetración de compañeros (generar espacio útil).

- Fijar en caso de ser director del contraataque.

2ª Oleada (constituida preferentemente por Medios Avanzados, Extremo contrario a lugar de recuperación y Laterales).

-Aprovechar posibilidades generadas por la primera oleada, previa observación de espacios libres generados por esa primera oleada.

-Desmarques de penetración aprovechando la ausencia de oposición.

-Adaptaciones rápidas y búsqueda de compañeros predispuestos a finalizar acciones de ataque.

-Lanzamiento desde media distancia.

-Penetración como poseedor del balón (desplazamiento específico), aprovechando movilización de compañeros.

-Permitir constitución de tercera oleada.

3ª Oleada (resto de jugadores).

-Todos los medios establecidos anteriormente (especialmente los referentes a la segunda oleada).

-Otorgar posibilidad de prolongar posesión, distribuir equilibradamente los espacios de juego.

-Facilitar el paso a ataque organizado en caso de imposibilidad para desarrollar con eficacia el contraataque.

D.- ATAQUE ORGANIZADO

1ª LÍNEA (Centrales).

-Iniciar la creación de situaciones de ataque, basándose en relaciones seguras, previo desmarque de posesión, sobre Medio Centro mejor ubicado para dar continuidad a dichas acciones. Alternar estas relaciones con aquellas que buscan a los Extremos, Puntas y Laterales que se incorporan sin el control de su oponente directo (utilizar trayectorias eficaces). En todo momento deben mantener una predisposición absoluta a superar líneas de fuerza.

-Conducir, en caso de necesidad, para provocar condiciones beneficiosas.

2ª LÍNEA (Medio Centro retrasado y Laterales).

-Ambos Laterales tendrán la responsabilidad de incorporarse para facilitar la creación de situaciones de finalización, aprovechando espacios por el exterior del dispositivo defensivo contrario. Para ello, deberán de buscar sistemáticamente espacios a la espalda de su oponente directo.

-El Medio Centro Retrasado se erigirá como responsable de otorgar continuidad a las acciones de ataque a través de desmarques de posesión, preferentemente por detrás de la línea del balón. Tratará de recibir siempre bien orientado para acciones posteriores.

-Relaciones permanentes sobre el interior del bloque defensivo ante los desmarques de Puntas y Extremos.

-Posibilidad de lanzamiento de media distancia.

3º LÍNEA (Medios avanzados).

-Desmarques de posesión por el interior del dispositivo defensivo para facilitar el posterior desequilibrio por pasillos laterales.

-Recepciones/adaptaciones eficaces para facilitar continuidad de acciones de ataque.

-Posibilidad de desbordar, encadenando dicha intervención con lanzamiento ó relaciones sobre compañeros situados en el interior del área. Posibilidad de pase y va en colaboración con Extremos y de penetraciones aprovechando intervalos entre Laterales y Centrales tanto en anchura como en profundidad.

4ª LÍNEA (Extremos y Puntas).

-Facilitar líneas de pase por el interior del dispositivo defensivo, movilizando al mayor número de unidades, facilitando así la intervención de los compañeros situados en anchura.

-Recepciones/adaptaciones eficaces para facilitar continuidad de acciones de ataque.

-Penetrar sobre intervalos entre unidades de la última línea defensiva.

-Desmarques de finalización en el interior del área, ajustando dichas intervenciones a las posibilidades del compañero que envía.

TAREAS ESPECÍFICAS POR PUESTO

A.- EL DELANTERO (ETO'Ó, BOJAN, MESSI).

EN ORGANIZACIÓN DEFENSIVA

-Cambiar de rol (de atacante a defensor), para acosar al inicio del ataque del rival.

-Disuadir esas primeras relaciones sobre espacios contrarios a donde se produjo la recuperación por parte del equipo contrario.

-Mantener predisposición al esfuerzo para garantizar recomposición del bloque defensivo en caso de no recuperarse el balón de manera inmediata.

-No aislarse del resto del bloque defensivo.

EN DEFENSA ORGANIZADA

-Orientar las posibilidades de progresión del equipo contrario en caso de manifestar estilo defensivo abierto, evitando cambios en el sentido de la circulación.

-Encadenar conducta anterior con acoso sobre Lateral en posesión del balón (posibilidad de convertir en 2x1 Defensivo en colaboración con el Interior).

-Evitar las relaciones por el interior del dispositivo defensivo ubicándose en espacios próximos al eje longitudinal, en caso de elección de estilo defensivo alternativo (cerrado). Controlar en proximidad a Medios Centro.

DURANTE EL CONTRAATAQUE

-Asegurar mediante desmarque apropiado ó movilización las posibilidades de contraataque (no olvidar que el primer criterio debe ser la profundidad).

-Valorar la protección del balón en la transición.

-Garantizar la presencia en el momento de finalizar la acción, en espacios de remate.

EN ATAQUE ORGANIZADO

-Ofrecer la máxima profundidad al equipo, facilitando la intervención de compañeros colindantes mediante la fijación de ambos Centrales.

-Desmarques de posesión por el interior del dispositivo defensivo (valorar la protección del balón en base a adecuadas recepciones/adaptaciones).

-Asistir a jugadores colindantes.

-Desmarques de penetración a la espalda de últimos defensores.

-Predisposición permanente a ocupar espacios de finalización ante posibilidad de relación al área (manifestación de desmarques de penetración).

B.- LOS EXTREMOS (HENRY, MESSI, INIESTA, PEDRO, HLEB).

EN ORGANIZACIÓN DEFENSIVA

-Cambiar rol para acosar al inicio del ataque del rival.

-Disuadir esas primeras relaciones sobre espacios

contrarios a donde se produjo la recuperación por parte del equipo contrario.

-Mantener predisposición al esfuerzo para garantizar recomposición del bloque defensivo en caso de no recuperarse el balón de manera inmediata.

-No aislarse del resto del bloque defensivo.

EN DEFENSA ORGANIZADA

-Evitar relaciones que supongan superación ("invitar" a recibir a oponente directo en espacios que faciliten el acoso).

-Acosar a oponente directo con trayectoria disuasoria evitando ser desbordado y que se relacione con comodidad.

-Completar línea de centrocampistas durante la Basculación.

-Impedir situaciones de desequilibrio por pasillos laterales, ayudando al Lateral en la manifestación de medios como 2x1 Defensivo, Cambio de oponente y Deslizamiento.

DURANTE EL CONTRAATAQUE

-Asegurar mediante desmarque apropiado ó movilización las posibilidades de contraataque (no olvidar que el primer criterio debe ser la profundidad).

-Ocupar rápidamente espacios preferentes de progresión como protagonistas en primera oleada.

-Valorar la protección del balón en la transición.

-Garantizar la presencia en el momento de finalizar la acción, en espacios de remate.

EN ATAQUE ORGANIZADO

-Mantener máxima anchura y profundidad para separar a las unidades defensivas.

-Facilitar con la conducta anterior las posibilidades de recepción a Medios Avanzados y Puntas por el interior del dispositivo defensivo.

-Desmarques de posesión ampliando espacio de intervención para garantizar progresión. Recepciones/adaptaciones seguras que impliquen conservación de balón y continuidad.

-Penetrar aprovechando errores del oponente directo e intervalos entre últimos defensores.

-Desequilibrar por pasillos laterales de manera directa (desbordar) ó a través de asistir al jugador que se incorpora (movilizar para facilitar penetración al Lateral, manifestar desdoblamiento…).

-Relacionarse con eficacia sobre los desmarques de finalización de los compañeros situados en el área.

-Ocupar espacios de finalización cuando el envío se produce desde lado opuesto.

C.- LOS MEDIOS AVANZADOS (KEITA, GUDJOHNSEN, XAVI, INIESTA, HLEB).

EN ORGANIZACIÓN DEFENSIVA

-Cambiar rol para acosar al inicio del ataque del rival.

-Disuadir esas primeras relaciones sobre espacios contrarios a donde se produjo la recuperación por parte del equipo contrario.

-Mantener predisposición al esfuerzo para garantizar recomposición del bloque defensivo en caso de no recuperarse el balón de manera inmediata.

-No aislarse del resto del bloque defensivo.

EN DEFENSA ORGANIZADA

-Evitar recepciones cómodas a jugadores ubicados por el interior del bloque defensivo (acosar en circulación sobre Medios Centro del equipo contrario).

-Impedir progresión significativa como poseedor del balón a los Centrales, acosando a impar, evitando que se relacione sobre oponente directo que abandono.

-Manifestar medios grupales en colaboración con el Lateral (2x1, Cambios de Oponente y Deslizamiento) ante la posibilidad de desequilibrio.

-Impedir continuidad a través de captación de "rechaces". Ocupar espacios relevantes para ello.

DURANTE EL CONTRAATAQUE

-Desmarques de posesión para facilitar dirección del contraataque.

-Relacionarse de manera segura y ocupar espacios preferentes de progresión.

-Avanzar, en caso de no ser partícipe de la primera oleada, para garantizar la constitución de la segunda oleada.

-Ocupar espacios de finalización originados en base a las conductas de la primera oleada.

EN ATAQUE ORGANIZADO

-Desmarques para posibilitar recepciones por el interior del dispositivo defensivo contrario.

-Recepciones/adaptaciones seguras que impliquen conservación de balón y continuidad.

-Relacionarse, facilitando su intervención, sobre jugadores situados ó que se incorporan sobre pasillos laterales.

-Relaciones sobre las penetraciones de compañeros más adelantados.

-Penetraciones sobre intervalos generados por movilización de Extremos y Puntas.

-Asegurar presencia en momento de finalización de acciones de ataque.

D.- EL MEDIO RETRASADO (TOURÉ, SERGI BUSQUETS).

EN ORGANIZACIÓN DEFENSIVA

-Cobertura al bloque adelantado que intenta recuperar posesión de manera inmediata, controlando a aquellos atacantes que puedan asegurar transiciones eficaces.

-Conductas disuasorias para facilitar regreso de dicho bloque y reducir espacios de progresión al director del contraataque.

-Detener el juego en caso de desequilibrios muy significativos.

EN DEFENSA ORGANIZADA

-Cobertura a la línea que forman los Extremos y Medios Avanzados.

-Evitar recepciones cómodas en esos espacios por parte de los Puntas ó Medias Punta, debiendo manifestar para ello el 2x1 Defensivo en colaboración con el Central correspondiente.

-Evitar posibilidades de desequilibrio mediante ayuda defensiva a Laterales: Doblaje si son superados, Cambio de Oponente ó Deslizamiento ante superioridades numéricas derivadas de incorporaciones.

-Impedir lanzamientos cómodos de media distancia.

DURANTE EL CONTRAATAQUE

-Desmarques de posesión para facilitar dirección del contraataque.

-Relacionarse de manera segura y ocupar espacios preferentes de progresión.

-Posibilidad de ser partícipe en segunda oleada (aprovechar en ese caso espacios originados por las conductas de la primera oleada).

-Avanzar, en caso de no ser partícipe de la primera ó segunda oleada, para aproximar las diferentes líneas del equipo y facilitar próximo proceso en ataque organizado u organización defensiva.

EN ATAQUE ORGANIZADO

-Desmarques de posesión, movilización para recibir o facilitar recepciones de Medios Avanzados, Extremos y Puntas por el interior del dispositivo defensivo.

-Desmarques de posesión por detrás de la línea del balón para garantizar continuidad a través del cambio en el sentido de la circulación.

-Desplazamiento equilibrador para aproximar al equipo y facilitar ciclo de juego.

-Posibilidad de lanzamiento de media distancia.

E.- Los laterales (Abidal, Álves, Puyol, Silvinho, Cáceres).

EN ORGANIZACIÓN DEFENSIVA

-Como integrante del bloque adelantado, controlar receptores potenciales cercanos para asegurar la recuperación del balón de manera directa ó indirecta.

-Detener el juego en caso de desequilibrios significativos.

-Como integrante del bloque retrasado, controlar receptores alejados, evitando ser superados y movilizados.

-En caso de recepción por parte de atacantes y existir posibilidad de contraataque, retroceder evitando las penetraciones por detrás de la línea hasta distancia eficaz de lanzamiento, "permitiendo" relaciones sobre pasillos laterales.

-Controlar a oponentes que manifiestan desmarques de finalización.

EN DEFENSA ORGANIZADA

-Basculación evitando intervalos en anchura y profundidad respecto a compañeros colindantes.

-Controlar en proximidad a oponente directo, si el balón está cercano a propia ubicación, evitando recepciones cómodas. Si recibe evitar que se gire. Posibilidad en estas circunstancias de Defensa del Pase y Va.

-Control a distancia del oponente (orientación correcta) si nuestra ubicación es alejada respecto a poseedor del balón. Evitar desmarques de penetración y movilizaciones.

-Manifestación de medios grupales ante posibilidad de desequilibrio (especialistas en 1x1 y creación de superioridades numéricas por incorporación). 2x1 Defensivo. Doblaje (como defensor doblado), Cambio de Oponente y Deslizamiento.

-Evitar relaciones sobre atacantes situados en el interior del área como oponente directo del poseedor.

-Controlar a oponente dentro del área ante posibilidad inminente de envío.

DURANTE EL CONTRAATAQUE

-Posibilidad de dirigir contraataque ó pertenecer a primera oleada, si la recuperación se produjo durante la organización defensiva y en espacios de intervención propios.

-Relacionarse sobre desmarques de penetración ó posesión de compañeros más adelantados y ocupar espacios preferentes de progresión.

-Posibilidad de ser partícipe en segunda oleada (aprovechar en ese caso espacios originados por las conductas de la primera oleada).

-Avanzar, en caso de no ser partícipe de la primera ó segunda oleada, para aproximar las diferentes líneas del equipo y facilitar próximo proceso en ataque organizado u organización defensiva.

EN ATAQUE ORGANIZADO

-Buscar la superación del oponente directo bien para recibir y progresar ó para facilitar la circulación de balón a Centrales y Medios Retrasado y Avanzados.

-Penetrar aprovechando espacios generados por movilización del Extremo.

-Desdoblamiento por detrás del compañero poseedor ó a la espalda del oponente directo del poseedor.

-Relacionar se sobre los desmarques de penetración de atacantes más adelantados.

- Desmarques de posesión por detrás de la línea del balón para garantizar continuidad a través del cambio en el sentido de la circulación.

-Circulación equilibradora para aproximar al equipo y facilitar ciclo de juego.

-Posibilidad de lanzamiento de media distancia.

F.- LOS CENTRALES (MÁRQUEZ, PUYOL, CÁCERES, PIQUÉ, MILITO).

EN ORGANIZACIÓN DEFENSIVA

-Como integrante del bloque retrasado, controlar receptores alejados, evitando ser superados y movilizados.

-Detener el juego en caso de desequilibrios significativos.

-En caso de recepción por parte de atacantes y existir posibilidad de contraataque, retroceder evitando las penetraciones por detrás de la línea hasta distancia eficaz de lanzamiento, "permitiendo" relaciones sobre pasillos laterales.

-Controlar a oponentes que manifiestan desmarques de finalización.

EN DEFENSA ORGANIZADA

-Basculación evitando intervalos en anchura y profundidad respecto a compañeros colindantes.

-Acosar en circulación a oponente directo que se desmarca en posesión. Si recibe evitar que se gire. Posibilidad en estas circunstancias de Defensa del Pase y Va.

-Control a distancia del oponente (orientación correcta) si nuestra ubicación es alejada respecto a poseedor del balón. Evitar desmarques de penetración y movilizaciones.

-Manifestación de medios grupales ante posibilidad de desequilibrio (especialistas en 1x1 y creación de superioridades numéricas por incorporación). 2x1 Defensivo. Doblaje (como defensor doblado), Cambio de Oponente y Deslizamiento.

-Evitar relaciones sobre atacantes situados en el interior del área como oponente directo del poseedor.

-Controlar a oponente dentro del área ante posibilidad inminente de envío.

DURANTE EL CONTRAATAQUE

-Relacionarse sobre compañeros mejor ubicados para dirección del contraataque.

-Avanzar, siempre que se aseguren las posibilidades de progresión, para aproximar al equipo, facilitando así próximo proceso en ataque organizado u organización defensiva.

EN ATAQUE ORGANIZADO

-Ubicarse en anchura para circulación de balón.

-Valorar el riesgo en cada intervención.

-Seleccionar rápidamente (no precipitado) pase adecuado.

-Superar con las relaciones líneas de fuerza.

-Cambiar sentido de la circulación permanentemente.

-Posibilidad de desplazamiento específico de balón (conducción) ante ausencia de oposición directa.

-Relacionarse sobre desmarques de posesión y penetración de jugadores más adelantados.

-Desmarques de posesión por detrás de la línea del balón para garantizar continuidad a través del cambio en el sentido de la circulación.

-Circulación equilibradora para aproximar al equipo y facilitar ciclo de juego.

EPÍLOGO

"La realidad es inagotable y no queda nunca totalmente cubierta por el conocimiento" (Francisco Menchén Bellón).

"Yo parezco mejor entrenador de lo que soy, porque tengo jugadores muy buenos" (Pep Guardiola).

Todas estas hojas, sobre las que espero recibir con celeridad noticias sobre su condición de material reciclable, estado inequívoco de progreso, han tratado de reflejar la importancia de seguir cuestionando todo aquello que queremos empaquetar en el cajón de la certeza y lacrarlo con los lazos de la verdad categórica. Existe mucha evidencia oculta a los ojos de quienes no se sienten estimulados por la inquietud, inacabables desafíos con que enriquecer nuestra vida a través de intentar darles alcance.

Hemos tratado de sugerirles, que incorporando una perspectiva holística a nuestra manera particular de percibir las cosas, si somos capaces de dirigir la mirada a las relaciones, a los patrones de organización que ensamblan, en un todo colectivo, las manifestaciones individuales de los diferentes jugadores de un equipo de fútbol, descubriremos propiedades que habrían pasado inadvertidas de seguir refugiando nuestro conocimiento en las conjeturas del paradigma reduccionista.

Durante el trayecto, hemos ido venciendo a múltiples clichés que nos embutían la conciencia en márgenes simplificados, que nos instaban a separar los elementos de un sistema para asimilar su comprensión global, aseando la concepción de dichos postulados por medio de los criterios primordiales del paradigma de la complejidad.

Y hemos sintetizado la propuesta, el giro perceptual, a través de uno de los ejemplos que mejor lo justifica: la organización del juego, el modelo de acción del Barcelona de Guardiola.

El club azulgrana, ha sido un supremo patrocinador para redefinir conceptos como el de la complementariedad, para traslucir una dimensión más realista de lo que atribuye el valor del contexto en la determinación de las cualidades de todo jugador, y lo que cada futbolista puede llegar a significar ese mismo entorno.

Nos ha ofrecido una panorámica más adecuada de las contribuciones de los especialistas que se acercan al fútbol de alto nivel.

De igual forma, hemos entendido al jugador como una unidad indivisible, distanciándonos de la propuesta cartesiana que nos lo ofrecía como la suma de diferentes estructuras aisladas.

En relación al juego, el Barça, alza la voz contra la artificialidad de la separabilidad entre ataque y defensa, simbolizando que se trata de elementos que, ineludiblemente, forman parte de la misma realidad.

Nos ha ejercitado la atención para estimar la trascendencia de las emergencias provocadas por la interactividad de los que se relacionan en el juego. Acontecimiento que sitúa al entrenador de fútbol en el lugar que le corresponde, y que no es otro que en aquel desde donde desempeñar su labor de creador de condiciones para permitir interacciones reveladoras. El método nace de la combinación inteligente de los jugadores de los que disponemos. Así, se conseguirá una organización sensata con los recursos de cada individuo. Capacidades que multiplicarán sus efectos al alinearse eficazmente con las de sus cómplices.

Sin estas premisas, el entrenamiento carecerá de sentido, y los problemas, lejos de resolverse, perdurarán en el tiempo de manera indefinida.

Con la lectura de este manual, *"acaso perciba que se han colmado algunas de sus inquietudes iniciales, pero acaso note también el impacto de un aluvión atropellado de nuevas inquietudes. Será buena señal"*[122]. El único deseo, acaso sea el no haber condicionado en exceso su punto de vista.

122 Wagensberg, J; (1985). "Ideas sobre la complejidad del mundo". Tusquets. Barcelona.

REFERENCIAS BIBLIOGRÁFICAS

- Allen Paulos, J; "Calculamos fatal". Entrevista en programa Redes de RTVE. Marzo de 2005.

- Alonso, C, Gallego, D. y Honey, P; (1997). "Los estilos de aprendizaje". Ediciones Mensajero. Bilbao.

- Amieiro, N; (2007). "Defensa en zona en fútbol". MC Sports. Pontevedra.

- Antón, J; (1998). "Táctica grupal ofensiva ". Gymnos. Barcelona.

- Antón, J; (2002). "Táctica grupal defensiva ". Grupo Editorial Universitario. Granada.

- Antón, J; (2004). "Análisis evolutivo, estructural y funcional del sistema defensivo 6:0 ". Grupo Editorial Universitario. Granada.

- Antón, J; (2006). "Análisis evolutivo, estructural y funcional del sistema defensivo 5:1 ". Granada.

- Ávila Fuenmayor, F; (2002). "Los conceptos de azar y arte en Jorge Wagensberg". A parte rei, número 20. Madrid.

- Aybar Bejarano, J. J; (2009). "El lugar de los contenidos psico-caracteriales en la construcción y desarrollo de un modelo de juego, ¿ser o estar?". Conferencia para los alumnos del Curso Nacional de Entrenadores. Curso 2008-09. Sevilla.

- Bayer, C; (1986). "La enseñanza de los juegos deportivos colectivos". Hispano Europea. Barcelona.

- Bonil, J; y col. (2004). "Un nuevo marco para orientar respuestas a las dinámicas sociales: el paradigma de la complejidad". Investigación en la escuela, n° 53.

- Bonilla, L; (2004). "Construcción de la concepción o estilo de juego de un equipo de fútbol: selección y desarrollo de los sistemas de juego para las diferentes fases del mismo" en "Ponencias diversas. Tomo I. Colección preparación futbolística" VVAA. MC SPORTS. Vigo.

- Boisier, S. "¿Y si el desarrollo fuese una emergencia sistémica?". Versión revisada en 2002. www.grupochorlavi.org

- Chillida, E; (1997). Entrevista extraída de www.elmundo.es/larevista. N° 94. Agosto 1997.

- Capra, F; (1998). "La trama de la vida". Anagrama. Barcelona.

- Capra, F; (2003). "Las conexiones ocultas". Anagrama. Barcelona.

- Carneiro, M; (2005). "De hormigas y personas. Management para la complejidad y el caos organizativo". ESIC. Madrid.

- Carretero, M; (1987). "Desarrollo cognitivo y educación". Cuadernos de pedagogía, número 53. Barcelona.

- Coromoto Salazar, I; (2004). "El paradigma de la complejidad en la investigación social". Educere. Artículos arbitrados. Año 8. Número 24.

- García, R; (2006). "Sistemas Complejos. Conceptos, método y fundamentación epistemológica de la investigación interdisciplinaria. Gedisa. Barcelona.

- Goleman, D; (2000). "El espíritu creativo". Ediciones Vergara. Argentina.

- Gómez, Marín, R. y Jiménez, J. A.; (2002). "De los principios del pensamiento complejo", en "Manual de iniciación pedagógica al pensamiento complejo". UNESCO.

- Gutiérrez, E; (2005). "Un mundo complejo que se autoorganiza". Revista rebeldía. México.

- Gutiérrez - Cuevas, C; (2004). "Gestión del conocimiento en la práctica". Albricias.

- Hennessey, Noguera, H; (2005). "Competencias para crear equipos inteligentes". Revista Chasqui, 85. Quito. Ecuador.

- Krishna, P; (2004). "La percepción holística de la realidad". Traducción de Salvador Rojas. Documento del Centro de Educación de Rajghat. Fundación Krishnamurti de la India.

- Lillo J. M; (2007). "Conversación sobre fútbol". Training Fútbol número 135. Valladolid.

- Lillo, J; "Shakespeare y el entrenador contemporáneo" en Solar, L; (2008). "Culturas de fútbol". Bassarai. Alava.

- Lillo, J. M; (2009). "Cultura táctica". Revista Training Fútbol Número 156. Valladolid.

- Lizárraga, C; (2005). "Ambientes de aprendizaje constructivistas y el sistema Moodle". www.cmseducacion.blogspot.com.

- Luhmann, N; (1982). "The differentiation of society". Columbia University Press. New York.

- Marina, J. A; (1995). "Teoría de la inteligencia creadora". Anagrama. Barcelona.

- Marina, J. A; (2004). "Aprender a vivir". Ariel. Barcelona.

- Marina, J. A; (2004). "La inteligencia fracasada. Teoría y práctica de la estupidez". Anagrama. Barcelona.

- Marina, J. A; (2006). "Aprender a convivir". Ariel. Barcelona.

- Moraes, C. M; (2001). "Tejiendo una red, pero, ¿con qué paradigma?". Recuperado de la web www.sentipensar.net

- Mateo, J. y Valle, J; (2007). "El trabajo dignifica...y cien mentiras más". LID. Madrid.

- Maturana, H; (1995). "La realidad ¿objetiva o construida? Fundamentos biológicos de la realidad. Anthropos. Barcelona.

- Menotti, C. L; (2005). "Conferencia en el II Congreso Internacional de Fútbol de

O Grove". Pontevedra.

- Menotti, C. L; (2008). Entrevista para www.elsuple.com. Octubre de 2008.

- Morín, E; (1998). "Introducción al pensamiento complejo". Gedisa. Barcelona.

- Morín, E; (1999). "L´intelligence de la complexité". L´Harmattan. París.

- Morín, E; (2000). "La mente bien ordenada". Seix Barral. Barcelona.

- Munné, F; (2004). "El retorno a la complejidad y la nueva imagen del ser humano: Hacia una psicología compleja". Revista Interamericana de psicología. N° 38.

- Muria Villa, I; (1994). "La enseñanza de las estrategias y las habilidades metacognitivas". Revista Perfiles Educativos, número 65. UNAM. México.

- Naydler, J; (1996). "Goethe y la ciencia". Siruela. Madrid.

- Néstor Osorio, S; (2002). "Aproximaciones a un nuevo paradigma en el pensamiento científico" en VVAA. "Manual de iniciación pedagógica al pensamiento complejo". UNESCO. Quito.

- O`Connor, J. y McDermott, I; (1998). "Introducción al pensamiento sistémico". Urano. Barcelona.

- Pozo Municio, I; (2002). "Aprendices y maestros. La nueva cultura del aprendizaje". Alianza editorial. Madrid.

- Punset, E; (2004). "Adaptarse a la marea". Espasa Calpe. Madrid.

- Roger Ciurana, E; (2000). "Complejidad: elementos para una definición" en pensamientocomlejo.com.ar.

- Rojas Marcos, L; (2005). "La fuerza del optimismo". Aguilar. Madrid.

- Savater, F; (2008). "La aventura de pensar". Debate. Barcelona.

- Seirul-lo Vargas, F; (2003). "Sistemas dinámicos y rendimiento en deportes de equipo". 1° Meeting of complex systems and sport. INEFC. Barcelona.

- Tamarit, X; (2007). "¿Qué es la periodización táctica? MCSports. Pontevedra.

- Torres Soler, L. C; (2005). "Sistemas complejos". Editores Gamma. Bogotá.

- Valdano, J; (2001). "Apuntes del balón". La esfera de los libros. Madrid.

- Wagensberg, J; (1985). "Ideas sobre la complejidad del mundo". Tusquets. Barcelona.